Rüdiger Liedtke

55 ½ Orte
rund ums Oktoberfest,
die man gesehen
haben muss

emons:

Bibliografische Information der Deutschen Nationalbibliothek
Die Deutsche Nationalbibliothek verzeichnet diese Publikation
in der Deutschen Nationalbibliografie; detaillierte bibliografische
Daten sind im Internet über http://dnb.d-nb.de abrufbar.

© Emons Verlag GmbH
Alle Rechte vorbehalten
Gestaltung: Eva Kraskes, nach einem Konzept
von Lübbeke | Naumann | Thoben
Kartografie: Regine Spohner
Kartenbasisinformationen aus Openstreetmap,
© OpenStreetMap-Mitwirkende, ODbL
Druck und Bindung: B.O.S.S Druck und Medien GmbH, Goch
Printed in Germany 2014
ISBN 978-3-95451-370-3
Originalausgabe

Unser Newsletter informiert Sie
regelmäßig über Neues von emons:
Kostenlos bestellen unter
www.emons-verlag.de

Vorwort

Das Münchner Oktoberfest ist das größte Volksfest der Welt. Für München bedeutet das: 16 Tage Ausnahmezustand im Herbst. Und einen logistischen Kraftakt. 42 Hektar unbebaute Fläche in bester Lage verwandeln sich in die größte Partyzone auf dem Globus. 250 Schausteller, 300 Marktkaufleute, 70 Gastronomiebetriebe, 13.000 Beschäftigte, davon 8.000 Festangestellte, 120.000 Sitzplätze in Festhallen und Biergärten. Das Oktoberfest ist seit 1810 Vergnügen und Wirtschaftsfaktor gleichermaßen. Und das Aushängeschild der Stadt. Mit weltweit rund 2.000 Kopien, von denen die »Oktoberfeste« in den USA, Brasilien und China zu riesigen Spektakeln geworden sind. Aber nichts reicht an das Original heran. Der Terminus »Oktoberfest« hat weltweit einen Bekanntheitsgrad von 90 Prozent und ist eines *der* Synonyme für den Begriff »Deutschland«.

Jedes Jahr strömen zwischen sechs und sieben Millionen Menschen auf die Theresienwiese (wobei die Münchner selbst den mit Abstand größten Teil der Gäste ausmachen). Sie verspeisen über eine halbe Million Brathendl und 100 ausgewachsene Ochsen. Sie trinken zwischen sieben und acht Millionen Maß Bier, denn das Oktoberfest versteht sich vor allem als »Fest des Münchner Bieres«. Und sie bestaunen die technisch jeweils neuesten Superlative der Schausteller.

Dieses Buch zeigt 55½ Highlights rund um das Münchner Oktoberfest. Die verrücktesten Zelte, die tollsten Fahrgeschäfte, die nostalgischen Perlen. Und es blickt hinter die Kulissen dieses Mega-Events. Es ist ein Leitfaden, die Wiesn richtig zu genießen.

55 ½ Orte

1 Der Ammer

Die älteste Hühnerbraterei der Welt

Schon Ludwig II. zog der Geruch knusprig goldbrauner Hendl in die Nase, wenn er bei einem seiner seltenen Wiesn-Besuche im nahen Königszelt Hof hielt. Er war kein großer Freund der Wiesn, der Rummel zählte nicht zu seinen Leidenschaften. Lediglich drei Mal beehrte er während seiner Regentschaft die Festwiese. Aber dann soll er immer das Ammer-Hendl mit Genuss verspeist haben, bis heute eine Wiesn-Delikatesse – die man seinerzeit auf der hoheitlichen Speisekarte natürlich vergeblich suchte.

Der Ammer bezeichnet sich selbst als die älteste Hühnerbraterei der Welt. Sicher ist: Das Ammer-Hendl ist die »Mutter« aller Brathendl. 1885 erhielt Joseph Ammer, damals schon erfolgreicher Geflügelhändler am Viktualienmarkt, die Zulassung zur Wiesn. Mit der Konstruktion eines elektrisch betriebenen Holzkohleofens schrieb er Wiesn-Geschichte. Bis heute ist die Hühnerbraterei Ammer, die 1926 von Tochter Anna (verheiratete Schmidbauer) übernommen wurde, das traditionsreichste Etablissement unter den kleineren Wiesn-wirten.

1934 stieg Sohn Josef Schmidbauer ins Geschäft ein, erweiterte den Wiesn-Auftritt und zog für viele Jahre auch auf den Nockherberg. Seit 2001 gibt im Traditionszelt wieder ein Josef Schmidbauer den Ton an, in fünfter Generation. Ab nachmittags spielt eine Hausband auf und sorgt für Stimmung wie in den großen Zelten, mit echt bayerischer Wirtshausmusik.

Standort Wirtsbudenstraße zwischen Augustiner-Festzelt und Ochsen-braterei | **Festwirt** Josef Schmidbauer | **Sitzplätze** 900 in Zelt und Garten (450/450) | **Bier** Augustiner | **Atmosphäre** gemütlich, abends Stimmung | **Reservierung** Tel. 089/8127401, www.ammer-wiesn.de | **Tipp** Die Hendl sind aus garantiert kontrollierten Bio-Betrieben. Die Familie Schmidbauer betreibt auch das Schlosscafé Palmenhaus im Nymphenburger Schlosspark.

2 — Das Armbrustschützenzelt

Wo bis zum heutigen Tag geschossen wird

Das mag man sich gar nicht vorstellen: In diesem riesigen Zelt wird gefeiert, da dröhnt die Blasmusik, und die Menschen stehen singend und schunkelnd auf den Bänken. Und gleichzeitig zielen im eher dezenten Zeltanbau die Schützen auf die 30 Meter entfernten Schießscheiben – mit möglichst ruhiger Hand. Seit 1895 gibt es das Ritual des Armbrustschießens. Ursprünglich im Winzerer Fähndl zu Hause und seit 1935 im Armbrustschützenzelt, werden hier während der Wiesn die Deutschen Armbrust-Meisterschaften ausgeschossen. Mitten im Trubel, bei hoher Konzentration. Traditionell diente das Zelt der Bewirtung der Schützen. Heute tritt mitunter auch die Münchner Prominenz zum fröhlichen Schießen an.

Deutschlandweit berühmt wurde das Armbrustschützenzelt unter der Ägide des Wiesn-Sprechers und selbst ernannten »Wirte-Napoleons« Richard Süßmeier, der zu einem Münchner Aushängeschild wurde, voller Geschäftssinn, Ironie und Witz. Allerdings legte er sich dermaßen mit der Stadt an, dass er schließlich Ende der 1980er Jahre über eine Affäre stürzte. So gelangte das Zelt im Stil eines überdimensionalen bayerischen Landhauses 1990 in die Hände der Ayinger Brauereidynastie Inselkammer. Heute ist es eine der wenigen in Privatbesitz befindlichen Festhallen, die Stadt ist direkter Vertragspartner der Familie Inselkammer. Allerdings: Das Bier, das übrigens nur von weiblichen Bedienungen ausgeschenkt wird, muss der Festwirt aus München beziehen. Die Familienbrauerei in Aying ist tabu.

Standort Wirtsbudenstraße | **Festwirt** Peter Inselkammer | **Sitzplätze**
7.450 in Zelt und Garten (5.830/1.620) | **Bier** Paulaner | **Atmosphäre**
eher familiär, gemütlich, kein typisches Partyzelt | **Reservierung** Tel. 089/
23703703, www.armbrustschuetzenzelt.de | **Tipp** Das Fleisch für die
Wiesngerichte stammt aus der eigenen und kontrollierten Aufzucht des
Hofguts Siegertsbrunn. Weitere gastronomische Betriebe des Festwirts:
Platzl Hotel, Sparkassenstraße 12, Restaurant Pfistermühle, Gaststätte
Ayingers am Platzl.

3 __ Das Attentats-Denkmal

Hier wird der Opfer des Wiesn-Anschlags gedacht

Der Traum von der stets gewaltfreien Wiesn wurde an diesem Abend für immer zerstört. Wenn heute der Münchner Oberbürgermeister nach dem Anzapfen ausruft: »Auf eine friedliche Wiesn!«, dann taucht vor den inneren Augen vieler Menschen das Schreckensszenario des 26. September 1980 auf. Es war kurz nach 22 Uhr, die Stimmung ausgelassen, viele Menschen auf dem Nachhauseweg, als in einem Abfalleimer am Haupteingang am Bavariaring eine Bombe explodierte – gefüllt mit knapp 1,4 Kilogramm Militärsprengstoff. Ein Feuerblitz, Schreie, Panik. 13 Menschen wurden von den Sprengsplittern zerrissen und getötet, über 200 Besucher teilweise schwer verletzt.

Auch der Attentäter gehörte zu den Toten, ein 21-jähriger Student aus Donaueschingen, der rechtsextremen Szene zugehörig. Obwohl zahlreiche Indizien dafür sprachen, dass er Helfer und Mitwisser gehabt haben musste, gingen Justiz und Politik stets von einem persönlichkeitsgestörten Einzeltäter aus, verweigerten jede Wiederaufnahme der Ermittlungen. Bis heute ist die Einzeltäterfrage nicht geklärt, sind viele quälende Fragen, vor allem für die Opfer und die Hinterbliebenen, offen.

Bereits am Tag nach dem Blutbad wurde der normale Festbetrieb wieder aufgenommen, freilich begleitet von heftigen Diskussionen um einen möglichen Abbruch der Wiesn. Schließlich einigte man sich auf einen Tag der Trauer. Am 30. September wurde das Oktoberfest geschlossen. Dann wurde weitergefeiert.

ZUM GEDENKEN AN
DIE OPFER DES
BOMBENANSCHLAGES
VOM 26.9.1980

GABRIELE GÜTSCH
ROBERT GÜTENWIESER
AXEL HIRSCH
MARKUS HÖLZL

Standort Theresienhöhe 1, 80339 München (Schwanthalerhöhe), nahe dem Bavariaring | **Anfahrt** U 4/5, Haltestelle Theresienwiese | **Tipp** Eine Gedenktafel an der Ecke Bayer-/Martin-Greif-Straße erinnert an die 52 Toten des verhängnisvollen Flugzeugabsturzes vom 17. Dezember 1960, als eine amerikanische Militärmaschine die Spitze der Paulskirche touchierte, Sekunden später auf eine Trambahn stürzte und in Flammen aufging.

4 Die Augustinerbrauerei

Die einzige Münchner Brauerei in Privatbesitz

Die Zeiten haben sich geändert. Und die Besitzverhältnisse bei den Münchner Brauereien in den letzten Jahren sogar eklatant. Da ja ausschließlich die großen Münchner Brauereien zur Bierbelieferung des Oktoberfestes zugelassen werden und das Oktoberfest unverbrüchlich als »Fest des Münchner Bieres« gilt, wird Puristen langsam mulmig, wenn sie einen Blick auf deren neuen Eigner werfen. Eine Ausnahme macht die Augustinerbrauerei.

1829 übernahm die Familie Wagner die bereits 1328 gegründete Brauerei, die 500 Jahre lang von den Augustiner-Mönchen betrieben wurde und damit die älteste Brauerei Münchens ist. Das »J.W.« im Firmenlogo steht für die Initialen des Sohnes der Familie, Josef Wagner. 1803 wurden Kloster und Brauerei säkularisiert und gingen in den Besitz des Staates über, bevor die Braustätte 1817 privatisiert wurde. Man siedelte in die Neuhauser Straße um, wo noch immer der Stammsitz ist. 1885 wurden alle Brauaktivitäten in die Kellergewölbe an der Landsberger Straße verlegt. Die Augustinerbrauerei mit ihren Spezialitäten Helles, Edelstoff und Oktoberfestbier gehört heute zu 51 Prozent der Edith-Haberland-Wagner-Stiftung in der direkten Nachfolge der alten Besitzerfamilie. 49 Prozent verteilen sich auf verschiedene Eigner, von denen mit knapp 35 Prozent die Familie Inselkammer (Brauerei Aying) der größte Einzelbesitzer ist. Auf der Wiesn wird Augustiner-Bier in der Augustiner-Festhalle, die der Brauerei gehört, der Fischer-Vroni und dem »Festzelt Tradition« ausgeschenkt.

Standort Augustiner-Bräu Wagner KG, Landsberger Straße 31–35, 80339 München (Schwanthaler Höhe), Tel. 089/519940 | **Anfahrt** S 1/2/3/4/6/7/8, Haltestelle Hackerbrücke; Tram 18/19, Haltestelle Holzapfelstraße | **Besichtigungen** keine | **Tipp** Die imposante, unter Denkmalschutz stehende Brauerei in der Landsberger Straße ist sehenswert. In den dortigen Bräustuben kann man einen Blick in den Pferdestall, das Kutschereck, werfen, in dem während der Wiesn die prächtigen Brauereigespanne untergebracht sind.

5__Die Augustiner-Festhalle

Hier fließt das Bier noch aus dem Hirschen

Die Augustiner-Brauerei ist die einzige aller sechs Münchner Großbrauereien, die das Bier auf dem Oktoberfest nicht aus riesigen Containern, sondern aus echten Holzfässern ausschenkt, aus den sogenannten »Hirschen«, gewaltigen 200-Liter-Fässern. Der Fass-Nachschub, der des Nachts antransportiert wird, lagert auch im ersten Stock des Augustinerturms und wird mit einem Aufzug ins Zelt transportiert. Die eigenwillige Architektur der Festhalle mit ihrem großen Bogengewölbe, ohne Trägerbalken und störende Säulen, hatte Architekt Franz Zell (1866–1961) schon 1926 entworfen. Der knapp 30 Meter hohe Turm neben der Originalfassade, den es jahrzehntelang nicht mehr gab, wurde zur Jubiläums-Wiesn 2010 rekonstruiert und originalgetreu nachgebaut – als Fasskühllager für die Gartengastronomie.

Die Münchner lieben das Augustiner-Festzelt und seine Atmosphäre, die am ehesten bayerischer und Münchner Tradition entspricht. Besonders der Biergartenbereich hatte es den Münchnern schon immer angetan. An einem normalen Wiesn-Nachmittag draußen bei einer Maß in der Herbstsonne zu sitzen ist für Insider ein Jahreshöhepunkt. Ohnehin ist der »Edelstoff« bei den Münchnern ganzjährig eines der beliebtesten Biere, zum Oktoberfest wird er noch einmal speziell eingebraut. Wie angesagt das Augustiner ist, zeigt sich schon an den über 200 Stammtischen aus den größten Münchner Biergärten und Wirtshäusern, die sich hier während der Wiesn treffen und lange im Voraus reservieren.

Standort Wirtsbudenstraße | **Festwirte** Thomas und Manfred Vollmer |
Sitzplätze 8.500 in Zelt und Garten (6.000/2.500) | **Bier** Augustiner |
Atmosphäre gemütlich, eher familiär, alle Altersgruppen | **Reservierung**
Tel. 089/23183266, www.festhalle-augustiner.com | **Tipp** Weitere gastro-
nomische Betriebe des Festwirts: die Augustiner Großgaststätte in der
Neuhauser Straße (Fußgängerzone) und die Augustiner Bräustuben in der
Landsberger Straße 19 (Brauerei-Gelände).

6 Die Bavaria

Und über allem wacht die Dame mit dem Löwen

Während des Oktoberfestes die Bavaria zu erklimmen ist eine Herausforderung der besonderen Art. Nach reichlichem Bierkonsum ist das nicht zu empfehlen, mit klarem Kopf aber ein Vergnügen. Man muss sich allerdings wohl- und fit fühlen und ein wenig Geduld mitbringen, denn es können maximal vier Personen im Innern dieses bronzenen Meisterwerks der Technik auf der schmalen Wendeltreppe unterwegs sein. Das heißt, außerhalb der Wiesn-Zeit ist die Chance, hinaufzukommen, größer.

Der Aufstieg über die 60 engen Eisenstufen mit vielfach eingezogenem Kopf ist durchaus strapaziös, zumal es mit zunehmender Höhe immer wärmer wird, geradezu heiß. Hier zirkuliert kein Lüftchen. Wer aber das Haupt der Bavaria erstiegen hat und sich dort auf eine der kleinen bronzenen Sitzbänke zwischen Nase und Locke hockt, dem bietet sich durch die winzigen Luken ein wunderbarer Blick über die Theresienwiese.

Es war zum Oktoberfest 1850, als die im Auftrag Ludwigs I. von Ludwig Schwanthaler entworfene und von Ferdinand von Miller gegossene Bavaria an der Hangkante der Theresienwiese unter dem Jubel der Münchner Bevölkerung aufgestellt wurde. Vom Entwurf bis zur Fertigstellung der aus vier Teilgüssen – Kopf, Brust, Hüfte und Löwe – bestehenden 18,5 Meter hohen und 87 Tonnen schweren Statue dauerte es über ein Jahrzehnt. Seit der Antike war keine größere, bis in den Kopf begehbare Figur in Bronze gegossen worden.

Standort Theresienhöhe 16, 80339 München (Schwanthalerhöhe) | **Anfahrt** U 4/5, Haltestelle Theresienwiese; Bus 131/134, Haltestelle Theresienwiese | **Öffnungszeiten** 1. April–15. Okt. täglich 9–18 Uhr, während des Oktoberfestes bis 20 Uhr, 16. Okt–31. März geschlossen | **Tipp** Am letzten Wiesn-Sonntag um 12 Uhr gibt es ein großes Salut der Böllerschützen auf den Stufen der Bavaria anlässlich der Siegerehrung des Oktoberfest-Landesschießens des Bayerischen Sportschützenbundes.

7 _ Der Bavariapark

Nahe der Wiesn die Geschichte der Mobilität erleben

Wenn man Lust verspürt, das Oktoberfestgelände einmal zu verlassen, um ein wenig zu verschnaufen, dann empfiehlt es sich, den unmittelbar an die Theresienwiese angrenzenden Bavariapark zu besuchen. Das Gelände hinter der Bavariastatue, lange Zeit ein Park des Königs Ludwig I., wurde nach dem Wegzug der alten Münchner Messe vollständig umstrukturiert und hat an Attraktivität erheblich gewonnen. Im Zentrum des Parks stehen die historischen, denkmalgeschützten Messehallen von 1907, in denen 1910 Gustav Mahlers »Symphonie der Tausend« uraufgeführt wurde. Heute ist hier das Verkehrsmuseum beheimatet, eine Dependance des Deutschen Museums, die es in sich hat.

Didaktisch vorbildlich aufbereitet, zeigt das Haus die Geschichte der Mobilität – und das bedeutet beim Deutschen Museum zwangsläufig die Präsentation der ausgefallensten Exponate, die in den riesigen Depots lagern. 140 Fahrzeuge aller Art, teilweise nie gesehene Objekte, motorisierte Kutschen, Autoklassiker, Straßenbahnen, Rettungshubschrauber und Transportmittel des öffentlichen Nahverkehrs sind ebenso zu sehen wie Dampflokomotiven, U-Bahn-Triebwagen und der aktuelle ICE-Triebkopf.

Insgesamt bietet der reichhaltige Fundus des Deutschen Museums über 4.500 Exponate zum Thema, darunter rund 500 Komplettfahrzeuge, eine nahezu lückenlose Dokumentation der Geschichte des Straßen- und Schienenverkehrs sowie verschiedener Verkehrstechnologien.

Standort Am Bavariapark 5, 80339 München (Schwanthalerhöhe), Tel. 089/500806762 | **Anfahrt** U 4/5, Bus 134, Haltestelle Schwanthaler-höhe | **Öffnungszeiten** täglich 9–17 Uhr | **Tipp** Ganzjährig einen Hauch von Oktoberfest bietet das unmittelbar angrenzende Wirtshaus am Bavaria-park mit großem Biergarten. Dazu gehört auch die »Kongressbar«, eine Cocktailbar im Stil der 1950er Jahre.

8 __ Das Bodos

Ins Cafézelt zu »Ausgezogenen« und Cocktails

Wen es frühmorgens auf die Wiesn zieht, vielleicht weil er anschließend zur Arbeit muss oder ein zeitiges Rendezvous in einem Bierzelt auf dem Kalender steht, und wer Lust auf ein herzhaftes Frühstück hat, der kommt beim Bodo auf seine Kosten. Ab neun Uhr ist das bunt dekorierte Cafézelt geöffnet. Überhaupt geht es bei Bodo, dem gelernten Konditor, den ganzen Tag über gemütlich zu, und es lohnt, hier an gedeckten Tischen eine kleine Erholungspause einzulegen. Man sitzt auf Stühlen, nicht auf Bänken. »Ausgezogene«, ein traditionelles Schmalzgebäck, sind die Spezialität des Hauses. Strudel in allen Varianten werden ständig neu kreiert.

Gegen Abend allerdings gerät das Zelt in Schwingungen, dann spielt eine Liveband, und wo vorher noch Kaffee und Cappuccino dominierten, halten nun Cocktails, Champagner und exotische Drinks Einzug. Aus der familiären Atmosphäre wird ein In-Treff, eine Bussi-Hochburg. Denn wo Bodo ist, ist auch die Prominenz nicht fern. Erstmals tauchte er 1988 mit einem Milchstand auf der Wiesn auf, seit 1993 hält er in seinem Cafézelt Hof. Bodo Müller, der ehemalige Narrhalla-Faschingsprinz – »Prinz Bodo, der Schaumschläger von Pralinesien« –, ist ein bunter Hund und zählt zu seinen Freunden allerhand Film- und Fernsehsternchen, vor allem aber Fußballer. Lothar Matthäus ist einer seiner engsten Kumpel. Aber aufgemerkt: Bier gibt es keines in Bodo Müllers Zelt. Und ab 17 Uhr muss reserviert werden. Mindestverzehr 40 Euro pro Person. Nicht unbedingt günstig, aber zünftig.

Standort Straße 2, seitlich der Augustinerbräu-Festhalle | **Festwirt** Bodo
E. Müller | **Sitzplätze** 450 | **Getränke** Kaffee, Champagner | **Atmosphäre**
ruhig am Nachmittag, turbulent am Abend | **Reservierung** Tel. 089/263673,
www.bodos.de | **Tipp** Bodos ehemalige Backstube, heute Woerner's, in der
Herzog-Wilhelm-Straße nahe dem Sendlinger Tor, hat einen legendären Ruf.

9 — Die Bräurosl

In der Pschorr-Festhalle wird gejodelt

Die Rosi soll sagenhaft schön gewesen sein, und traumhaft jodeln konnte sie auch. Die Gäste lagen ihr zu Füßen. Rosi war der ganze Stolz ihres Vaters, des Festwirts und Brauereibesitzers Joseph Pschorr. So nannte der Bierpatron sein bereits 1901 zum Prachtbau aufgezogenes Wiesn-Zelt nach seiner Tochter. Bis heute tritt im Zelt ihr zu Ehren die hauseigene Jodlerin Carolin Weidner auf, seit 20 Jahren nunmehr. Ihr Künstlername: »Bräurosl«. Und Pschorr-Tochter Rosi prangt über dem Haupteingang der Festhalle, flankiert von zwei 20 Meter hohen Maibäumen. Da reitet sie triumphierend mit einer frischen Maß hoch zu Ross über das Brauereigelände des Papas.

Vor dem Ersten Weltkrieg war die Bräurosl mit 12.000 Sitzplätzen und einer eigenen Ochsenbraterei das mit Abstand größte Zelt, das es jemals auf der Wiesn gegeben hatte. Seit 1936 ist es in den Händen der Familie Heide, nunmehr in der dritten Generation.

Einer der jährlichen Höhepunkte dieses mit Vorliebe von Münchner Stammgästen besuchten Festzeltes ist der Gay-Sunday am ersten Wiesn-Sonntag: ein wildes Fest der Münchner Schwulen-Community von inzwischen internationalem Ruf. Georg Heide hatte vor gut drei Jahrzehnten gedacht, es handele sich um die Fußballer vom TSV 1860 München, als der schwule MLC (Münchner Löwen Club) für sich auf der Galerie einen Zehnertisch reservierte. Aus diesen zarten Anfängen wurde für einen Sonntag Deutschlands größter Schwulentreff. Die Bedienungen sehen es gelassen: »A bisserl Leder braucht a jeder.«

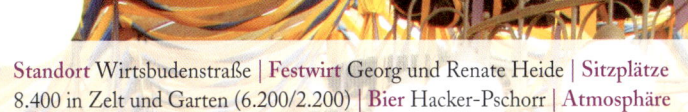

Standort Wirtsbudenstraße | **Festwirt** Georg und Renate Heide | **Sitzplätze** 8.400 in Zelt und Garten (6.200/2.200) | **Bier** Hacker-Pschorr | **Atmosphäre** Riesenstimmung, kontaktfreudig, traditionsbewusst | **Reservierung** Tel. 089/ 89556353, www.braeurosl.de | **Tipp** Weiterer gastronomischer Betrieb des Festwirts: das Heide-Volm in Planegg.

10__Das Café Kaiserschmarrn

Viel mehr als eine Tortenschlacht

Kitschiger geht es nicht! Eine goldgelbe Fassade, an der das Süße nur so heruntertrieft. Deko-Zuckerguss, so weit das Auge reicht. Das ist so gewollt. Kreiert hat das wahrscheinlich ungewöhnlichste Zelt eine Münchner Eventagentur. Lange Zeit war es sehr umstritten, da für viele Besucher der klassische Zelt-Charakter der Wiesn optisch erheblich strapaziert wurde. Eigens für das »Schlaraffenland der Süßspeisen« entworfen wurde ein aufwendiges Lichtkonzept, das einen Hauch von Disneyworld vermitteln sollte. Ein Tortenschloss, das sich bewegt, mit lebenden Kochlöffeln und Kaffeetassen mit Mund und Nase, das vor allem nach Einbruch der Dunkelheit so richtig zur Geltung kommt. Die Designer müssen die Ludwig-Schlösser im Hinterkopf gehabt haben.

Das Kaiserschmarrn gehört der alteingesessenen Münchner Konditoren-Familie Rischart, die seit 2007 auf der Wiesn ist. Die Qualität dessen, was das Café bietet, ist erlesen. Die Spezialität: Kaiserschmarrn aus Pfannen in acht phantasievollen Variationen. Man kann sich im Kaiserschmarrn zum Frühstück treffen, das Wiesn-Frühstück gilt als Geheimtipp auf dem ganzen Oktoberfest, ab 14 Uhr spielt Musik. Hier speisen auch viele Wiesn-Mitarbeiter, bevor es in ihren Zelten und Fahrgeschäften so richtig losgeht. Und abends geht der Kaffee- und Kuchen-Zauber über in eine ausgelassene Wein- und Champagner-Stimmung. Die Band spielt auf einem Laufsteg, der quer durchs Zelt über die Köpfe der Leute führt. Die Caipirinha-Bar gilt als besonders schick.

Standort Matthias-Pschorr-Straße, schräg gegenüber dem Weinzelt | **Fest-wirte** Magnus und Gerhard Müller-Rischart | **Sitzplätze** 400 | **Atmosphäre** tagsüber gemütlich, abends Partystimmung | **Getränke** Kaffee, Champagner, Sprizz, Wein | **Reservierung** Tel. 089/231700800, www.kaiserschmarrn.by | **Tipp** Im Gedenken an die Wiesn-Gründung anlässlich der Hochzeit von Ludwig von Bayern und Prinzessin Therese 1810 schneiden die Rischarts in ihrem Cafézelt täglich um 14 Uhr eine große Hochzeitstorte an.

11 Das Café Mohrenkopf

Die Konditorei auf der Theresienwiese

Politisch korrekt ist das mit dem Mohrenkopf irgendwie nicht. Aber die Tradition heiligt die Tabubrüche. Seit 1950, der zweiten Wiesn nach dem Krieg, gibt es das Café Mohrenkopf, womit es das älteste Cafézelt auf dem Oktoberfest ist. Aber eigentlich reicht seine Tradition viel länger zurück. Denn die Familie Wiemes, die das Zelt nunmehr in dritter Generation betreibt, blickt auf eine lange Münchner Kaffeehaus-Geschichte. Ursprünglich hatten die Wiemes' ein Café in der Augustenstraße, ein opulentes Wiener Kaffeehaus mit eigener Konditorei. Das Gebäude wurde im Zweiten Weltkrieg zerstört, die Augustinerstraße erweitert und das Café, in dem der Mohrenkopf kreiert wurde, war passé. Als Kompensation erhielt die Familie Wiemes eine Konzession für das Oktoberfest, die ihr seither jedes Jahr aufs Neue verlängert wird. Aus der einst eher luftigen Bretterbude ohne festen Untergrund ist ein stattliches Wiesnzelt geworden, das 2008 auf den heutigen Stand hochgerüstet wurde. Backwerk Hightech.

Die Konditorei befindet sich direkt in dem einem Gartencafé gleichen Zelt. Das bedeutet, dass sämtliche Kuchen und Torten auf der Wiesn hergestellt werden. Die Spezialität seit 1950: der »Mohrenkopf«, ein Eier-Biskuit, gefüllt mit frisch geschlagener Sahne und überzogen mit einer Schoko-Glasur. Ab neun Uhr morgens kann man hier frühstücken. Zwischen 17 und 19 Uhr gibt es eine Happy Hour, und ab 19 Uhr spielt eine Band. Dann geht es rund an der Cocktailbar im hinteren Teil des Zeltes.

Standort Straße 3, hinter der Bräurosl | **Festwirte** Katharina und Wilhelm Wiemes | **Sitzplätze** 420 im Zelt | **Getränke** Kaffee und Cocktails | **Atmosphäre** gediegen | **Reservierung** info@cafe-mohrenkopf.eul, www.cafe-mohrenkopf.eu | **Tipp** Das Café Mohrenkopf gilt als Geheimtipp für Singles. Es sind nur wenige Schritte bis zum Autoskooter Distel, dem Klassiker unter den Fahrgeschäften, bereits seit 1938 auf der Wiesn.

12 Der Dirndl-Verleih

Bei Waltraud Breuer bekommt man alles passend

Wer für ein Wochenende zum Oktoberfest nach München reist und Lust auf eine anständige Tracht hat, sich aber für zwei oder drei Tage Wiesn nicht komplett neu ausstaffieren will, ist im Kostümverleih Breuer goldrichtig. Insbesondere, wenn es ein qualitativ hochwertiges Dirndl sein soll oder eine anständige Lederhose statt der billigen Sachen von der Stange, die eher an eine Wiesn-Verkleidung als an ein zünftiges Trachtenoutfit erinnern. Und da man für eine gute Tracht doch ganz schön tief in die Tasche greifen muss, lohnt sich die Ausleihe.

Der seit 1950 existierende Kostümverleih Breuer, der vor allem auch im Fasching Hochkonjunktur hat und über einen Gesamtfundus von derzeit rund 20.000 Kostümen aller Epochen verfügt, hält im September und Oktober rund 500 Outfits vor und stattet beileibe nicht nur Wiesn-Touristen aus. Auch viele »Wiesn-Profis« oder Besucher des Oktoberfestumzugs lieben es, immer wieder in unterschiedlicher Montur zu erscheinen.

Unter dem Motto »Man muss sich ja nicht für jeden Anlass kostspielig neu einkleiden« sind außerhalb der Wiesn vor allem Abendmoden – Stichwort Opernball –, Hochzeitsausstattungen und der Frackverleih die großen Renner im Hause Breuer. Hier gönnen sich Brautleute hochwertige Hochzeitskleider mit allen Accessoires, von denen sie immer schon geträumt haben und die sie hoffentlich nur einmal im Leben brauchen. Die eigene Werkstatt mit 20 Mitarbeitern erlaubt individuelle Wünsche, auch der Kauf der neuen Lieblingsstücke ist möglich.

Standort Hohenzollernstraße 22a, 80801 München (Schwabing), Tel. 089/ 338772, www.kostuemverleih.com | **Anfahrt** U 3/6, Haltestelle Gisela- straße oder Münchner Freiheit | **Öffnungszeiten** Mo–Fr 9.30–18 Uhr, Sa 10–13 Uhr, Anprobe jederzeit ohne Terminvereinbarung möglich | **Tipp** Einen weiteren Verleih von Trachten gibt es in der Buttermelcherstraße 2a: Kostümverleih Hera, Tel. 089/263916, www.heras-kostueme.de.

13___ Die Fassfabrik

Hier werden exklusiv die Hirschen produziert

Die Fassmacher gehörten jahrhundertelang zu den größten und angesehensten Zünften, bis die modernen Kunststoffbehälter ihren Siegeszug antraten und das Holzfass zurückdrängten. Bierfässer aus robustem Eichenholz, mit breiten Metallreifen beschlagen, um dem Druck standzuhalten, innen mit Pech beschichtet, waren das Behältnis der großen Brauereien. Heute ist das Handwerk der »Schäffler« nahezu ausgestorben. Und dennoch gibt es einen Betrieb in München, der sich nach wie vor auf die Herstellung handgefertigter Fässer versteht und sich über Mangel an Arbeit nicht beklagen kann: die Fassfabrik der Familie Schmid.

Wilhelm Schmid und Sohn Werner produzieren mit vier weiteren gelernten Schäfflern, inzwischen in vierter Generation, unter anderem die imposanten Hirschen, diese 200-Liter-Fässer, mit denen die Augustiner-Brauerei immer noch die Wiesn beschickt und die auch Paulaner auf dem Nockerberg zum Einsatz bringt. Das Bier aus Holzfässern, so sagen Experten, hat eben einen ganz besonderen Geschmack.

Basis der Fässer, so wie sie bei den Schmids seit 1914 gefertigt werden, sind die Dauben – bis zu vier Zentimeter dicke Längshölzer aus Eiche, die unter heißem Wasserdampf gebogen und in Form gebracht werden. Anschließend werden sie mit verzinkten Bandstahl-Reifen beschlagen. Etwa sechs Stunden dauert die Produktion eines Hirschen. Kostenpunkt: 700 Euro. Und dann kann man das Riesenfass bei guter Pflege rund 20 Jahre lang druckdicht mit frischem Bier befüllen.

Standort Straubinger Straße 34, 80687 München (Laim), Tel. 089/571646 |
Anfahrt U 4/5, Tram 18, Bus 130/131, Haltestelle Westendstraße | **Tipp**
Die Fassfabrik, gelegen inmitten einer eher monotonen Häuserlandschaft,
umgibt ein verwunschener Garten mit unzähligen alten und neuen Holzfässern, der einsehbar und auf Nachfrage auch zu begehen ist.

14__Das Festzelt Tradition

Auf der Oide Wiesn ist alles so wie früher

Eines unterscheidet das »Festzelt Tradition« auf der Oide Wiesn trotz seiner immerhin 8.000 Sitzplätze von den riesigen Schwestern der »eigentlichen« Wiesn: Hier wird nicht auf den Bänken gestanden, gefeiert und getanzt, sondern es gibt zeltmittig einen eigenen Tanzboden. Es geht klassisch zu wie auf einem der ganz normalen oberbayerischen Volksfeste, die es an den Sommerwochenenden zuhauf gibt. Erstmals als historisches Festzelt auf der Oide Wiesn 2010 erschienen, hat es sich sogleich als »Festzelt Tradition« etabliert – und dürfte zum festen Bestandteil der Oide Wiesn werden, da es ja der offizielle Auftritt des Münchner Festrings e. V. ist, der Brauchtum und Geschichte auf seine Fahnen geschrieben hat.

Im »Festzelt Tradition« treten bayerische Trachten- und Brauchtumsgruppen auf, Schuhplattler- und Volkstanzgruppen, Gebirgsschützen, Goaßlschnalzer und zahlreiche Blaskapellen. Das aus Holzfässern, den 200-Liter-Hirschen, gezapfte Oktoberfestbier wird aus Steinkrügen getrunken, den sogenannten Keferlohern, die bis zur Einführung der gläsernen Maßkrüge 1892 auf dem Oktoberfest üblich waren. Der Vorteil der heutigen Glaskrüge gegenüber seinen Vorgängern: Der Gast kann das Einschenken kontrollieren. Da es auf der Oide Wiesn erheblich entspannter zugeht als auf dem eigentlichen Oktoberfest, findet man im »Festzelt Tradition« und dem dazugehörigen Biergarten mit seinen zahlreichen gastronomischen Ständen eigentlich immer einen Platz, auch ohne Reservierung.

Standort Oide Wiesn | **Festwirte** Anton Winklhofer und Peter Wieser |
Sitzplätze 8.000 in Zelt und Garten (5.000/3.000) | **Bier** Augustiner |
Atmosphäre gemütlich, familiär | **Reservierung** Tel. 089/21998977,
www.oktoberfestzelt-tradition.de | **Tipp** Die Festwirte betreiben auch
den Münchner Ratskeller.

15   Die Fischer-Vroni

Steckerlfisch zum Edelstoff

Der Steckerlfisch ist *die* Spezialität bayerischer Volksfeste, doch nirgends wird er so genüsslich zelebriert wie auf der Wiesn. Lachsforellen, Renken und Zander werden vor den Augen der Gäste – aufgespießt auf dem »Steckerl«, einem Stöckchen, auf dem der Fisch auch serviert wird – an der offenen Holzkohle gegrillt. Die 15 Meter lange Feuerstelle befindet sich unmittelbar vor dem Zelt. Und das bereits seit 1904, als der Münchner Gastronom Josef Pravida auf dem Oktoberfest seine Wirtsbude in ein kleines Fischerhäuschen mit Fischbraterei verwandelte.

Die heutige Fischer-Vroni, das kleinste der großen Zelte, gibt es seit 1949, als die Fischbude vom Münchner Fischgroßhändler Karl Winter übernommen wurde. Namensgeberin war dessen Frau Philippine. Die 1914 von Karl Winter gegründete »Fisch Winter KG« mit der »Sendlinger Fischhalle« war Münchens erster großer Händler für See- und Süßwasserfische. Nach Winters Tod 1958 übernahmen die Witwe (die bis zu ihrem Tod 1998 täglich im Zelt anzutreffen war) und die beiden Töchter Eva und Anita die Fischer-Vroni. Eva heiratete den Kaufmann Hans Stadtmüller und bekam die Kinder Hans und Silvia. Sohn Hans ist der heutige Festwirt des 2006 grunderneuerten Fischer-Fachwerkhauses mit dem Storchennest auf dem Dachgiebel und dem schiffsförmigen Musikpodium im Innern. Am zweiten Oktoberfest-Montag trifft sich hier die »Rosa Wiesn« – ein festes Datum der Schwulenszene, aber alles geht ein bisschen ruhiger zu als in der »Bräurosl«.

Standort Wirtsbudenstraße | **Festwirt** Hans Stadtmüller | **Sitzplätze** 3.700 in Zelt und Garten (3.000/700) | **Bier** Augustiner | **Atmosphäre** stimmungsvoll, gemütlich | **Reservierung** Tel. 089/661042, www.fischer-vroni.de | **Tipp** Der Kahn vor der Fischer-Vroni gilt als *der* Treffpunkt auf der Wiesn. Ständige Stände der Fischer-Vroni außerhalb der Wiesn gibt es im Biergarten Menterschwaige am Isarhochufer, im Augustiner-Keller in der Arnulfstraße und im Hirschgarten in Neuhausen. Am ersten Wiesn-Donnerstag um 10 Uhr findet der traditionelle Oktoberfest-Gedenkgottesdienst in der Fischer-Vroni statt (bisher Hippodrom).

16 — Der Glöckle-Wirt

Die Musik hängt an der Wand

Ein Feuer hat den »Glöckle« von Grund auf verändert. Bis auf drei Glocken – das frühere Wahrzeichen des kleinsten aller Wiesnzelte – lag am Morgen des 4. Oktober 2002 alles in Schutt und Asche. Das Festzelt der Familie Glöckle war durch einen Großbrand völlig zerstört worden und musste abgetragen werden. Ein Kurzschluss in einem Ofen war die Ursache. Zum Glück war das Feuer, das größte auf einer Nachkriegswiesn, in der Nacht ausgebrochen. 2003 war der Glöckle wieder auf dem Oktoberfest vertreten – mit einem komplett neuen Zelt, dem wahrscheinlich ausgefallensten von allen, das zur Marke wurde.

Vater Glöckle hatte aus der Not eine Tugend gemacht und seine Stammgäste um ausgefallene Kleinodien gebeten, die er im Zelt dekorieren konnte. Und die schleppten so allerhand »Gelump« herbei. Da hängen an der Decke antike Blasinstrumente, Küchenutensilien und alte Schlitten, die Wände zieren Gemälde, ausgestopfte Wildtiere, Kruzifixe, Kuhglocken und Wolperdinger. Alle Stücke sind kunstvoll drapiert, mit einem starken Hang zum Kitsch, aber durchaus originell und eben ganz anders als in den anderen Wiesn-Zelten. Irgendwie ist man an das Café im Valentin-Karlstadt-Museum erinnert. Viele Wiesnbesucher schwören auf ihren »Glöckle«, zumal das feste, einem Bauernhaus nachempfundene Zelt mit seinen zwei Etagen als das mit Abstand gemütlichste gilt. Zwei Musikanten gehen spielend durch die Reihen. Und ab 19 Uhr kommt richtig Stimmung auf. Dann heizt die Band »Schubiduo« ein und bringt nicht nur die drei verbliebenen Glocken zum Klingen.

Standort Wirtsbudenstraße, neben dem Winzerer Fähndl | **Festwirt**
Stephanie Rollwagen | **Sitzplätze** 230 in Zelt und Garten (200/30) |
Bier Spaten und Franziskaner | **Atmosphäre** persönlich und gemütlich |
Reservierung Tel. 089/2311090, www.gloeckle-wirt.de | **Tipp** Der
Familie Glöckle gehört auch das »Hotel am Viktualienmarkt«.

17___Das Hacker-Festzelt

Im »Himmel der Bayern« die Bodenhaftung verlieren

Das »Hackerbräu« ist München pur. Vor allem in puncto Lebenslust, weniger auf die Tradition bezogen. Der aus Straßlach stammende Festwirt Toni Roiderer, seit 2002 auch Sprecher der Wiesn-Wirte, hat mit seinem Festzelt mitten in München den »Himmel der Bayern« geschaffen. Und der lässt sich auch noch öffnen wie ein Cabrio-Dach, sodass die Gäste bei gutem Wetter teilweise im Freien sitzen können. Dazu dreht sich die Musikbühne unter den riesigen tanzenden Schäfflerfiguren. So muss kein Gast mehr auf den optischen Genuss der Blaskapelle verzichten.

Die Boxen sind phantasievoll gestaltet. Sie sind Münchner Originalen gewidmet, wie beispielsweise den Filmlegenden Karl Valentin und Liesl Karlstadt. Rolf Zehetbauer hat sie kreiert und teilweise mit Wandmalereien in Szene gesetzt. Der Oscar-Preisträger hat in den Grünwalder Bavaria-Studios bereits Filme wie »Cabaret« und »Das Boot« ausgestattet.

Das Motto des 80 Meter langen »Himmels der Bayern« hält, was es verspricht. Die Stimmung in diesem Riesenzelt katapultiert die Gäste, ein überwiegend junges und trachtenbewusstes Publikum, in den siebten Stimmungshimmel und zu allen Tageszeiten auf die Bänke. Mit Blasmusik und Rocksounds. Am letzten Wiesn Abend stimmt das gesamte Hacker-Festzelt, das es bereits seit 1894 gibt, traditionell zu Wunderkerzen, die an die Gäste verteilt werden, die Wiesn-Hymne »Sierra Madre« an.

Standort Wirtsbudenstraße | **Festwirte** Toni und Christl Roiderer | **Sitz-plätze** 9.300 in Zelt und Garten (6.900/2.400) | **Atmosphäre** Riesenstim-mung zu jeder Tageszeit, hoher Kennenlernfaktor | **Bier** Hacker-Pschorr | **Reservierung** Tel. 08170/7303, www.hacker-festzelt.de | **Tipp** Das Fleisch der Gerichte stammt aus der hauseigenen Metzgerei in Straßlach. Weiterer gastronomischer Betrieb des Festwirts: der »Gasthof zum Wildpark« in Straßlach, südlich von München.

18 — Das Hacker-Pschorr-Bräu

Es begann am Alten Hackerhaus

Joseph Pschorr und Maria Theresia Hacker – zwei Namen, die für Münchner Bier- und Brauereigeschichte stehen. 1417 wurde die Hacker-Brauerei in der Sendlinger Straße an der Stelle gegründet, an der heute das Alte Hackerhaus steht. Die zwei Äxte im Hacker-Logo sollen sich auf die Zunft der Zimmerleute bezogen haben, die hier mit Vorliebe einkehrten. 1783 kaufte Simon Hacker Anwesen und Brauerei, um sie zehn Jahre später an seinen Schwiegersohn Joseph Pschorr zu veräußern. Unter dessen Ägide wurde das Brauhaus in die Landberger Straße verlegt, expandierte und wurde zur führenden Brauerei Münchens.

Nach dem Tod der Eltern übernahmen deren Söhne Georg und Matthias das Unternehmen, teilten es auf und gingen getrennte Wege. Erst in den 1970er Jahren fusionierten die beiden Brauereien zur Hacker-Pschorr AG, die 1979 mehrheitlich vom Münchner Unternehmer Josef Schörghuber übernommen wurde.

In den 1990er Jahren wurden auf dem ehemaligen Gelände der Hacker-Pschorr-Brauerei an der Theresienwiese die Pschorr-Höfe und die Dependance des Europäischen Patentamtes errichtet. Das Hacker-Bier wird seit 1998 ausschließlich in den Gebäuden der Paulaner Brauerei an der Hochstraße gebraut. Hacker-Pschorr ist eine Marke der Paulaner-Gruppe, rangiert aber als eigenständige Münchner Brauerei. Ausgeschenkt auf der Wiesn wird Hacker-Pschorr im Hacker-Festzelt und in der Bräurosl.

Standort Hacker-Pschorr Bräu GmbH, Hochstraße 75, 81541 München
(Au), Tel. 089/51060, www.hacker-pschorr.de | **Anfahrt** U 1/2, Haltestelle
Kolumbusplatz; Tram 17, Bus 52, Haltestelle Mariahilfplatz | **Besichtigungen**
Mo–Fr 12.30–15.30 Uhr nur nach Voranmeldung, Tel. 089/48005871 | **Tipp**
Das alte Hackerhaus in der Sendlinger Straße lohnt einen Besuch. Das
Hacker-Pschorr Bräuhaus an der Theresienhöhe fungiert als Großgaststätte.

19 ___ Die Haxenbraterei

Gepflegt Essen vor dem Großeinsatz

Was beschert dem fröhlichen Zecher eine fundiertere Grundlage für seinen Alkoholkonsum als eine prächtige Haxe! Und die gepflegteste Haxe der Wiesn isst man wohl beim Hochreiter. In dieser Hinsicht kann der Küche von Christl und Dieter Hochreiter kaum jemand etwas vormachen. So ist auch das Zelt der Haxenbraterei mehr Speiselokal als Bierzelt. Ein Grund, weshalb es hier tagsüber keine Musik gibt, die beim Essen doch nur stören würde. Erst ab 18 Uhr wird musiziert. Tagsüber findet man beim Hochreiter meist einen Platz, ohne auf das Oktoberfestgefühl verzichten zu müssen. Abends freilich ist eine Reservierung angebracht.

An langen Drehspießen werden die Schweins- und Kalbshaxen gebraten. Vorher werden sie exzellent gewürzt, nach einem bestimmten Ritual, nach einer als Familiengeheimnis streng gehüteten Rezeptur. Seit 1973 ist die Familie Hochreiter auf der Wiesn vertreten, ursprünglich mit einer kleinen Wurstbraterei gleich neben der Bräurosl. Als 1979 das traditionsreiche »Haxnbauer«-Zelt frei und ein neuer Wirt gesucht wurde, bekamen die Hochreiters den Zuschlag. Am Ambiente wurde gar nicht viel verändert, aber die Technik bekam einen neuen Schub. Die Bratvorrichtungen wurden modernisiert, alle Haxen werden vor Ort gegrillt. Die Familie Hochreiter ist auf der Wiesn noch dreimal vertreten: mit dem Zelt »Zur Bratwurst« und dem traditionsreichen Weißbier-Karussell mit Platz für 130 Menschen. Und seit 2014 auch mit der Kalbsbraterei, dem Nachfolger der Kalbs-Kuchl.

Standort Wirtsbudenstraße zwischen dem Hacker- und dem Hofbräuzelt |
Festwirte Christl und Dieter Hochreiter | **Sitzplätze** 250 im Zelt | **Bier**
Löwenbräu | **Atmosphäre** traditionelles Wiesngefühl | **Reservierung**
Tel. 089/297545, www.haxenbraterei.com | **Tipp** Die Hochreiters betreiben
auch den Biergarten am Viktualienmarkt.

20 — Der Heimer

Hendl und Enten von der knusprigen Seite

Die Heimer-Ente, braun und kross, gilt als Tipp. In der Qualität steht sie der vom »Käfer« in nichts nach, und der Preis ist deutlich günstiger. Die Heimer-Enten, mit einer eigenen Haus-Gewürzrezeptur präpariert und gebraten, haben Kennern zufolge einen ganz eigenen Geschmack, ein Aroma, das es eben nur in dieser Entenbraterei gibt. Seit über einem halben Jahrhundert ist der Heimer auf der Wiesn vertreten und gibt das Rezept weiter.

Der Straubinger Metzger Joseph Heimer und seine Frau Helene hatten das lukrative Wiesngeschäft von Xaver Murr erworben, der sein Vermögen beim Pferderennen verzockt hatte und verkaufen musste. Vor 25 Jahren übernahm die Familie Schmid das Geschäft von Großtante Helene Heimer. Heute führt der gelernte Koch Ignaz Schmid, der jahrelang an den gastronomischen Betrieben der Familie Haberl (Ochsenbraterei) beteiligt war und das Geschäft von der Pike auf kennt, den Heimer.

Das Heimer-Festzelt gilt vielen Wiesn-Besuchern als Oase der Ruhe, schon deshalb, weil hier, im Gegensatz zu den meisten anderen Zelten, keine Blaskapelle spielt. Will man sich also beim Essen unterhalten oder Geschäfte auf dem Oktoberfest besprechen, ist der Heimer zu empfehlen. Das Innere ist hell und luftig, weiße handgeschnitzte Hennen und Enten erinnern immer wieder daran, wo man ist. Tagsüber bekommt man in der Regel immer einen Tisch, und die Bedienungen bemühen sich, die Wünsche der Gäste bis ins Detail zu erfüllen.

Standort Wirtsbudenstraße, zwischen Hacker- und Schottenhamelzelt |
Festwirt Ignaz Schmid | **Sitzplätze** 400 in Zelt und Garten (320/80) | **Bier**
Paulaner | **Atmosphäre** gemütlich, keine Musikkapelle | **Reservierung**
Tel. 089/62509415, www.heimer-entenbraterei.de | **Tipp** Ignaz Schmid
betreibt auch den Wintergarten am Elisabethplatz in Schwabing.

21__Das Herzkasperl-Festzelt

Auf der Oide Wiesn spielt die Musik anders

Premiere hatte das Zelt 2010, dann musste es aussetzen, jetzt soll es zur Dauereinrichtung werden. Vielleicht ist das Herzkasperl-Festzelt auch so eine Art kulturhistorisches Alibi, weil es hier nicht ganz so krachledern zugeht wie in den anderen Festhallen des Oktoberfestes. Es ist das Kulturzelt der Wiesn und schlägt musikalisch eine Brücke zur jungen bayerischen Volksmusik, die mit vielen alten Konventionen bricht, ohne ihre Identität zu verleugnen. Garant für eine gelungene Kombination von bayerischer Lebensart und neuer »VolXmusik« ist der Wirt des Herzkasperl-Festzeltes, Josef Bachmaier. Seit Jahrzehnten betreibt er die Traditionsgaststätte Fraunhofer mit angeschlossener Kleinkunstbühne, auf der auch der legendäre, 2009 verstorbene Jörg Hube mit seinem »Herzkasperl« triumphierte. Das nach ihm benannte Festzelt versteht sich als »Wirtshaus auf Zeit«, für zwei Wiesn-Wochen.

Mitgetragen vom Kulturreferat der Stadt finden auf zwei Bühnen des Musikantenzeltes wechselnde Programme statt, die sich vom Repertoire des Traditionszeltes erheblich unterscheiden. Verlangt werden aktuelle Tendenzen der »jungen Volks- und Tanzkultur« in Bayern. Tagsüber gibt es Kabarett, Theater und Performance, später am Tage moderne Volks- und Blasmusik. Statt dem »Anton aus Tirol« und »Fürstenfeld« stehen die »Express Brass Band« oder die »Schlachthofbronx«, »La Brassbanda« oder »Jodelfisch« auf dem Programm. Anspruchsvolle bayerische Klänge zur Gemütlichkeit. Dazu gibt es Bier aus Keferlohern, den traditionellen Steinkrügen.

Standort Oide Wiesn | **Festwirt** Josef Bachmaier | **Sitzplätze** 2.500 in Zelt
und Garten (1.500/1.000) | **Bier** Hacker-Pschorr | **Atmosphäre** gemütlich,
leger | **Reservierung** Tel. 089/45215057, www.herzkasperlzelt.de (Reservie-
rungen werden nur für ein Drittel der Plätze angenommen, also bekommt
man mit ziemlicher Sicherheit auch noch spontan einen Platz.) | **Tipp** Das
Fraunhofer in der Fraunhoferstraße lohnt einen Besuch.

22 Das Hofbräu-Festzelt

Wenn das Hofbräuhaus sein Zelt aufschlägt

Im Grunde ist das Hofbräuhaus für 16 Tage auf Tournee, ausgelagert aufs Oktoberfest. Das macht es zum wahrscheinlich extremsten aller Bierzelte und weltweit berühmt für seine bierselige Ausgelassenheit, die nicht selten zu den Exzessen führt, die auch einen Teil des globalen Wiesn-Images ausmachen. Wenn es hier am Wiesn-Samstag High Noon schlägt, dann sind die Menschen unterhalb des sich drehenden, überdimensionalen Engels Aloisius aus Ludwig Thomas »Ein Münchner im Himmel« nicht mehr zu halten. Hier, im einzigen Festzelt in staatlichem Besitz, wird 16 Tage und Abende nonstop geschunkelt und auf den Bänken getanzt. 1.000 Stehplätze unmittelbar vor dem Musikpodium gibt es nur in diesem Bierzelt, dem internationalsten aller Festhallen. Hier lebt die Weltmarke Hofbräuhaus.

Die ersten zwei Wiesntage haben es besonders in sich. Am sogenannten »Kiwi«-Wochenende stürmen Tausende meist jüngere Neuseeländer und Australier, aber auch unzählige Briten und US-Amerikaner das Zelt. Sie haben teilweise das ganze Jahr auf diesen Trip hingespart, der für sie einen ähnlichen Stellenwert hat wie Schloss Neuschwanstein oder der Pariser Eifelturm für ihre Eltern. Die Halbzeit der Festwochen gehört dann den Italienern. Zu Zehntausenden kommen sie am »Italiener-Wochenende« über den Brenner, um in diesem zweitgrößten aller Festzelte zu feiern. Unter zwölf Zentner schweren frischen Hopfenreben aus der Holledau, die an den Wänden und unter der Decke in gigantischen Mengen drapiert sind.

Standort Wirtsbudenstraße | **Festwirt** Günter und Margot Steinberg |
Sitzplätze 10.000 in Zelt und Garten (7.000/3.000) | **Bier** Hofbräu |
Atmosphäre international, ausgelassen | **Reservierung** Tel. 089/4489670,
www.hb-festzelt.de | **Tipp** Das Hofbräu-Festzelt verfügt über den größten
Souvenir-Shop aller Zelte mit dem offiziellen HB-Maßkrug. Weiterer
gastronomischer Betrieb des Festwirts: der Hofbräukeller am Wiener Platz.

23__Die Käfer-Schänke

Schicker Hüttenzauber auf zwei Etagen

Der »Käfer« ist eigentlich das untypischste aller großen Wiesn-Zelte, denn es ist nicht nur das jüngste Etablissement dieser Kategorie auf dem Oktoberfest – 1971 begann es mit einem kleinen Ausschank für unter 100 Personen –, sondern auch das mit durchgängig eigenen Spielregeln. Einer Wirtshausstube eines bayerischen Gasthofs nachempfunden, ländlich dekoriert mit vielen Nischen und Sitzecken zwischen unzähligem Gebälk (alles ein wenig kitschig), amüsieren sich hier die Gäste auf zwei Etagen. Die Atmosphäre ist gemütlich und die Musik dezenter als in den großen Festzelten, freilich keine Blasmusik. Im ersten Stock liegen die begehrtesten Tische. Und im Gegensatz zu allen anderen Bierzelten, in denen um 22.30 Uhr die letzte Maß ausgeschenkt wird und die um 23.30 Uhr schließen, hat der »Käfer« bis 1 Uhr geöffnet.

Der »Käfer« hat die mit Abstand höchste Promidichte aufzuweisen, die man sich in der deutschen Gastronomie vorstellen kann. Das Publikum gehört zur Society aus Politik, Sport, Film und Fernsehen. Die Fußballer des FC Bayern München halten hier regelmäßig Hof. Der Promi, der auf sich hält, die Firma, die repräsentieren will, lädt hierhin ein. Das Essen ist vorzüglich, die Käfer-Ente legendär (der Preis freilich auch), »Feinkost Käfer« eben, innen und im gemütlichen Biergarten. Hier wird der Champagner, meist aus Magnumflaschen, aus Bierkrügen getrunken. Alles ein wenig schicker, überdrehter und edelweißgekünstelt. Hauptsache: sehen und gesehen werden. Es herrscht eine permanente Partystimmung.

Standort Matthias-Pschorr-Straße | **Festwirt** Michael Käfer | **Sitzplätze**
3.160 in Zelt und Garten (1.160/2.000) | **Bier** Paulaner | **Atmosphäre**
gemütlich, rustikal, Partystimmung | **Reservierung** Tel. 089/4168356,
www.feinkost-kaefer.de | **Tipp** Sich hier zum Mittagessen treffen. Es ist
im Garten nicht sehr voll, und es gibt eine köstliche Mittagskarte, im
Außenbereich Kaffee und Kuchenspezialitäten von Feinkost Käfer. Weitere
gastronomische Betriebe des Festwirts: die Diskothek P1 im Haus der
Kunst, Feinkost Käfer in der Prinzregentenstraße und die Gastronomien
der BMW Welt, der Messe München und diverser Theater der Stadt.

24_ Der Kaiser-Ludwig-Platz

Die Wiesn unter hoheitlicher Beobachtung

Nahe an der Theresienwiese liegt einer der ungewöhnlichsten Plätze Münchens. Ganz anders als die meisten Knotenpunkte der Residenzstadt wirkt dieser Platz vergleichsweise ungeplant. Ein symmetrischer Grundriss ist nicht zu erkennen, sieben Straßen erreichen den Platz, die in unterschiedlichen Abständen zueinander liegen. Im Zentrum steht auf einer Grünfläche, umrahmt von hohen Bäumen, das Denkmal Ludwigs IV., der besser bekannt ist als Ludwig der Bayer.

1886 wurde der Platz gestaltet, 1905 das von den Bildhauern Emil Dittler und August Drumm entworfene und von Ferdinand von Miller in Bronze gegossene Denkmal errichtet. Es zeigt Ludwig den Bayern (1282–1347), einen frühen Wittelsbacher, der 1294 Herzog von Oberbayern und Pfalzgraf bei Rhein und schließlich 1314 deutscher König wurde.

Im Zuge zahlreicher Auseinandersetzungen mit dem Papst wurde Ludwig 1328 von den Kurfürsten des Reiches auch zum deutschen Kaiser gewählt. Er war damit der erste Wittelsbacher an der Spitze des Reiches – und sollte auch der einzige bleiben.

Er residierte in der ehemaligen Ludwigsburg, dem heutigen Alten Hof, den er weiter ausbauen ließ. München wurde zwischenzeitlich zur Residenzstadt des Reiches und erhielt 1340 das Große Stadtrecht. Auf Ludwig reicht auch der umfangreiche Ausbau der Stadtbefestigung mit einem erweiterten Mauerring zurück, der auch die neuen Siedlungen vor den alten Toren umschloss.

Standort Kaiser-Ludwig-Platz 1, 80336 München (Ludwigsvorstadt) |
Anfahrt U 3/6, Bus 58, Haltestelle Goetheplatz | **Tipp** Eine Büste Ludwigs
des Bayern von 1468 findet sich in der Frauenkirche, wo er beigesetzt sein
soll. In der Beethovenstraße 2 empfiehlt sich ein Besuch der Bar Gabányi.

25__ Die Kongresshalle

After-Wiesn-Partys spielen eine immer größere Rolle

Für viele Wiesn-Besucher geht es nach 23 Uhr erst richtig los. Immer neue After-Wiesn-Partys etablieren sich, von denen eine der angesagten nicht weit hinter der Bavaria zu finden ist: in der alten Kongresshalle des früheren Messegeländes. Für 16 Tage wird dieses historische Gemäuer ab 22 Uhr zu einem Feierschuppen der besonderen Güte – bis in die frühen Morgenstunden.

Die zu Beginn der 1950er Jahre errichtete Halle, die heute im Besitz der Edith-Haberland-Wagner-Stiftung ist, die auch die Mehrheit an der Augustinerbrauerei hält, wurde aufwendig saniert und auf den modernsten technischen Stand gebracht. Hier finden in der Regel Kongresse, große Events und kulturelle Veranstaltungen statt. Während des Oktoberfestes spielt aber eine andere Musik, verwandelt sich das unter Denkmalschutz stehende Gebäude in den »Wiesnclub«. Der Vorteil: die Nähe zur Festwiese. Man muss nicht lange auf ein Taxi warten oder sich im Gedränge Richtung Bahnhof schieben, sondern kann nach wenigen Metern munter weiterfeiern.

In den letzten Jahren hat sich auch der Wiesnclub im Hacker-Pschorr Bräuhaus unmittelbar an der Theresienwiese etabliert, zu dem man wegen langer Schlangen am Eingang nicht zu spät kommen sollte (geöffnet ab 21 Uhr). Äußerst populär ist auch das sogenannte Wiesn-Zelt im großen Saal des Löwenbräukellers am Stiglmaierplatz; inzwischen eine feste After-Wiesn-Institution, in der man schon Wochen vorher seinen Tisch reservieren sollte.

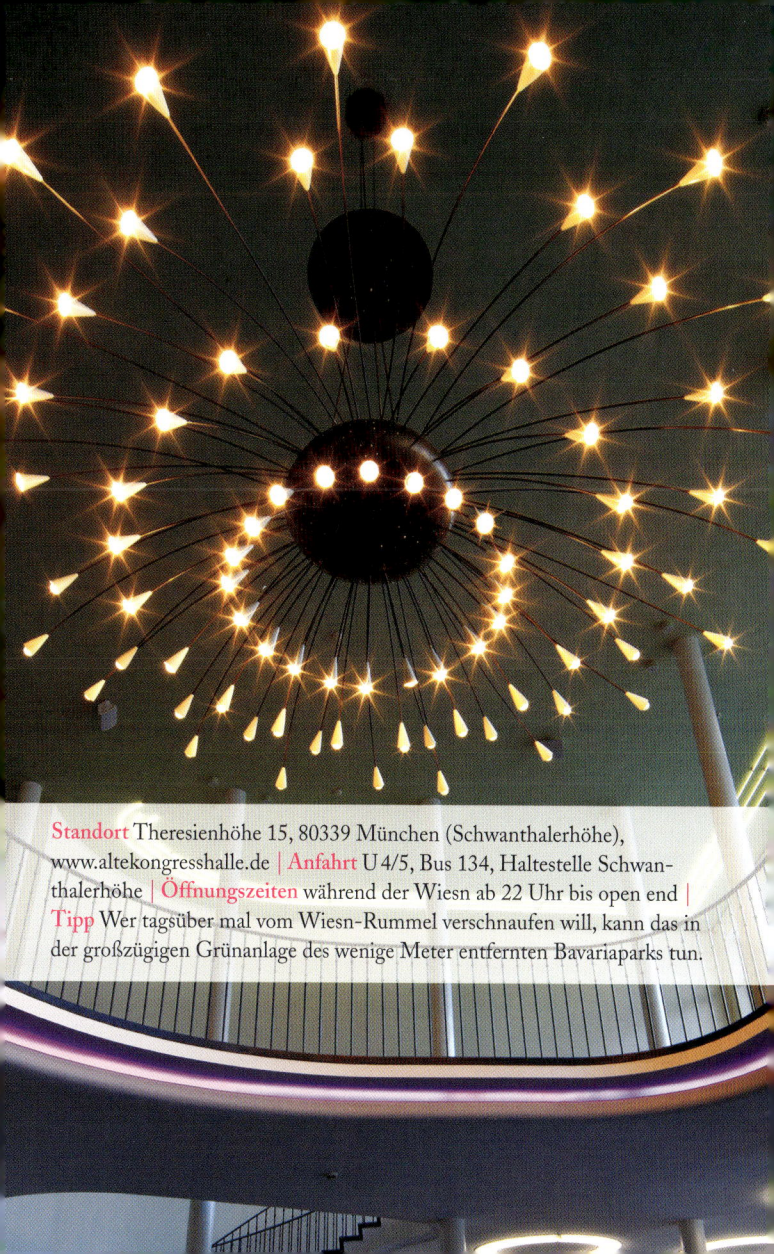

Standort Theresienhöhe 15, 80339 München (Schwanthalerhöhe),
www.altekongresshalle.de | **Anfahrt** U 4/5, Bus 134, Haltestelle Schwan-
thalerhöhe | **Öffnungszeiten** während der Wiesn ab 22 Uhr bis open end |
Tipp Wer tagsüber mal vom Wiesn-Rummel verschnaufen will, kann das in
der großzügigen Grünanlage des wenige Meter entfernten Bavariaparks tun.

26   Die Krinoline

Das Kult-Karussell mit der Blasmusik

Irgendwie kennt jeder Münchner schon von Kindesbeinen an die Krinoline, verbindet Kindheitserinnerungen mit diesem Karussell, das es nur und ausschließlich auf dem Oktoberfest gibt. Das ganze Jahr über ist die Krinoline eingelagert, dann wird sie für 16 Jubeltage in Gang gesetzt. Mit dem gleichen durchschlagenden Erfolg wie schon 1924, als der Schausteller Michael Großmann mit diesem Berliner Fahrgeschäft mit den kunstvoll verzierten schaukelnden Gondeln auf einer im Walzertakt schwingenden Plattform erstmals auf dem Oktoberfest reüssierte. Vier »starke Männer« setzten damals die Krinoline in Bewegung, sorgten für das stete Auf und Nieder, das die Fahrgäste in Entzücken versetzte. Als aber in den 1930er Jahren immer rasantere Fahrgeschäfte die Wiesn eroberten, vor allem die technisch ausgefeilten Zugspitzbahnen, modernisierte auch Michael Großmann seine Krinoline. Er baute nach eigener Konstruktion einen elektrischen Antrieb mit Planetengetriebe und Zugfedern-Schwing-Mechanismus ein, den man heute noch am mittigen First bewundern kann. Kenner behaupten, die Krinoline sei das einzige Fahrgeschäft, in dem einem auch ohne Alkoholkonsum übel werden kann.

Seinen entscheidenden Coup aber landete der Schausteller mit dem Engagement einer Blaskapelle, die er auf einem eigens angebauten kleinen Balkon aufspielen ließ. Ein Karussell mit Blasmusik, das hatte kein anderes Fahrgeschäft. Heute führt der Enkel des Gründers, Theodor Niederländer, das Fahrgeschäft als Familienbetrieb in vierter Generation.

Standort Schaustellerstraße neben dem kleinen Riesenrad, www.krinoline.de |
Tipp Unbedingt als Erwachsener mit der Krinoline fahren – die perfekte
Entschleunigung.

27 __ Der Lodenfrey

Zünftig einkleiden für das Volksfest

Hier kaufen auch schon mal tief verschleierte, finanzkräftige Frauen aus den arabischen Emiraten Dirndl im Dutzend, für Zigtausende Euro, und niemand weiß so recht, wann und wo sie zum Tragen kommen werden. Die Firma Lodenfrey hat einen magischen Ruf, weltweit, sie ist ein exklusives Synonym für die Modestadt München, und da insbesondere in den Segmenten Loden und Trachten. Lodenfrey, ganzjähriger Ausstatter für Trachtenoutfits, von traditionell bis extravagant, im höheren Preissegment. So nimmt die Trachtenabteilung auf einer der hellen, umgebauten und durchgestylten weiten Etagen des Hauses einen entsprechenden Raum ein. Billigdirndl sucht man hier vergeblich.

1842 als Tuchweberei vom jungen Schwaben Johann Georg Frey gegründet, dem für die Entwicklung und Erfindung des Lodenstoffes 1854 auf der Pariser Weltausstellung die Goldmedaille verliehen wurde, siedelte das Unternehmen 1868 an den Promenadeplatz. 1878 gelang dem Sohn des Gründers, Johann Baptist, die Erfindung des wasserabweisenden Lodens. Es begann eine beachtliche Erfolgsgeschichte über Generationen hinweg, in der Loden und Trachten immer zum Kerngeschäft gehörten.

Speziell zum Oktoberfest bringt das Unternehmen seit Jahren sein exklusives »Wiesndirndl« heraus, originell, in vielen Farben und in hoher Stückzahl. Aus reiner Baumwolle, eigens für Lodenfrey gewebt und mit traditionellen Mustern bedruckt. Und für etwa 300 Euro auch zu einem erschwinglichen Preis.

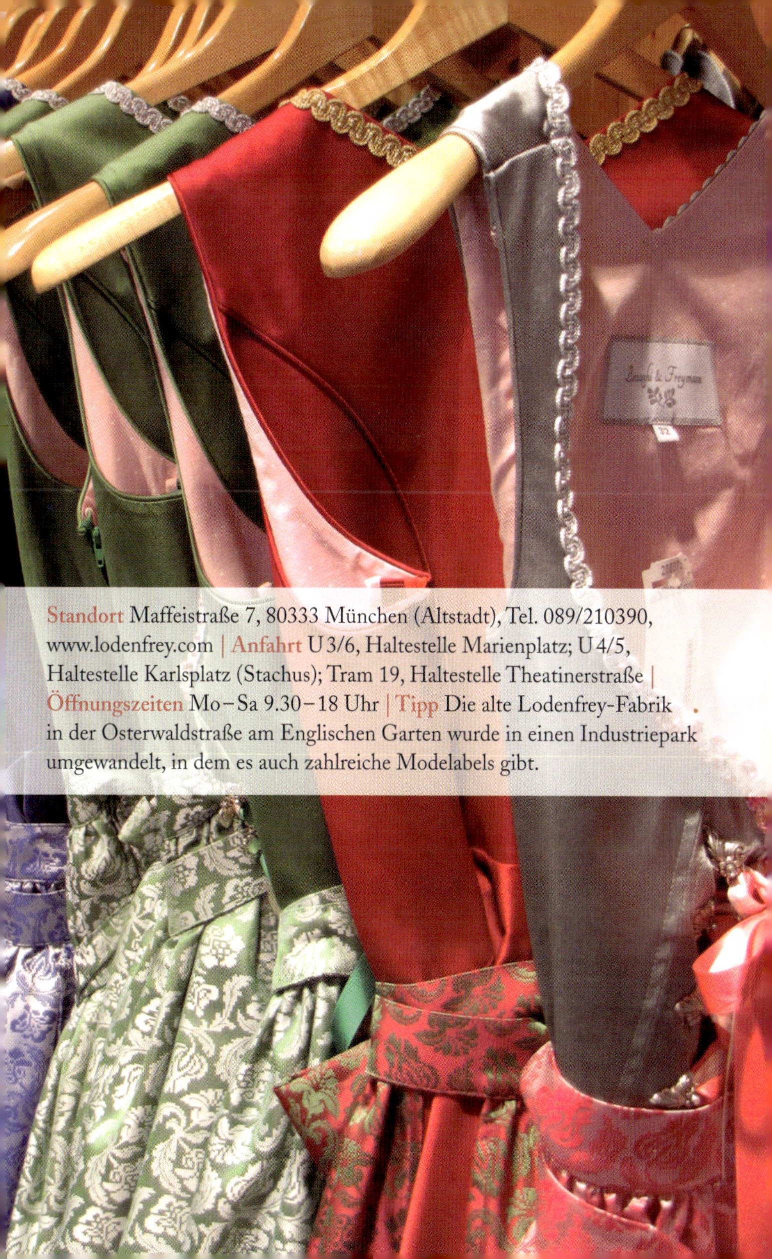

Standort Maffeistraße 7, 80333 München (Altstadt), Tel. 089/210390, www.lodenfrey.com | **Anfahrt** U 3/6, Haltestelle Marienplatz; U 4/5, Haltestelle Karlsplatz (Stachus); Tram 19, Haltestelle Theatinerstraße | **Öffnungszeiten** Mo–Sa 9.30–18 Uhr | **Tipp** Die alte Lodenfrey-Fabrik in der Osterwaldstraße am Englischen Garten wurde in einen Industriepark umgewandelt, in dem es auch zahlreiche Modelabels gibt.

28 Die Löwenbrauerei

Münchens bekannteste Biermarke in ausländischem Besitz

Die unumstößliche Vorschrift der Stadt München und der Münchner Brauereien für das Oktoberfest lautet: »An Wiesn-Besucher darf nur Münchner Bier der leistungsfähigen und bewährten Münchner Traditionsbrauereien ausgeschenkt werden.« Denn das Oktoberfest ist »ein Fest des Münchner Bieres«. Auf diese Weise sollte für immer ausländischer, aber auch heimischer bayerischer Konkurrenz auf der Wiesn ein Riegel vorgeschoben werden. Aber dieses Verdikt gerät in den letzten Jahres ins Wanken. Denn 2004 wurde die Löwenbräu-Gruppe, zu der auch Spaten und Franziskaner gehören, aus dem Besitz des Industriellen August von Finck junior an die amerikanisch-belgische Brauereigruppe Anheuser-Busch veräußert und somit zu einer Marke des globalen Biermultis.

Löwenbräu blickt auf eine äußerst wechselvolle und expansive Geschichte. Sie reicht zurück bis ins 14. Jahrhundert, wo in der Löwengrube Bier gebraut wurde. Die große Rolle Löwenbräus begann Anfang des 19. Jahrhunderts unter der Ägide Georg Breys. Das Unternehmen siedelte an die Nymphenburger Straße um, wurde Münchens größte Brauerei und 1872 in eine Aktiengesellschaft umgewandelt. Zehn Jahre später entstand der Löwenbräukeller, wurde der Löwe zum Markenzeichen. Um 1900 avancierte Löwenbräu, einer der mächtigsten Immobilienbesitzer Münchens, zur größten Brauerei Deutschlands. Die Marke wurde zum Exportschlager, in den USA ist sie bis heute der Inbegriff des Münchner Bieres. Heute wird Löwenbräu in den Sudhäusern von Spaten-Franziskaner gebraut.

Standort Löwenbräu AG, Marsstraße 46–48, 80335 München (Maxvorstadt), Tel. 089/52000, www.loewenbraeu.de | **Anfahrt** S 1/2/3/4/6/7/8, Haltestelle Hackerbrücke; U 1, Haltestelle Stiglmaierplatz | **Besichtigungen** Einzelpersonen oder Gruppen mit weniger als 20 Personen an jedem ersten Freitag im Monat und samstags; separate Termine für Gruppen mit 20 und mehr Teilnehmern; Voranmeldung erforderlich (Besucherzentrum.münchen@ab-invev.com) | **Tipp** Löwenbräubier gibt es auch im Schützen-Festzelt. Die After-Wiesn-Partys im Löwenbräukeller am Stiglmaierplatz haben es in sich.

29___Das Löwenbräu-Festzelt

Der Löwe brüllt bereits am Eingang

Am zweiten Wiesn-Wochenende gilt das Löwenbräu-Festzelt, wie auch das Hofbräu-Festzelt, als Hochburg der Italiener. Da gibt's kein Halten mehr, wenn sie zu Tausenden ins Zelt strömen, vorbei am seit 1950 über dem Eingang thronenden, 4,5 Meter großen, Bier trinkenden und ständig brüllenden Löwen. Jede Minute tönt der Leo aufs Neue: »Löööööwenbräu.« Das Bier ist bei den Italienern besonders beliebt, für sie ist es ein Synonym für Münchner Gemütlichkeit. Das Zelt ist international und volkstümlich gleichermaßen. So verkehren hier auch die Fans und Spieler der Münchner Löwen, des TSV 1860 München, während die Bayern-Spieler das nahe Käfer-Zelt bevorzugen.

Die Löwenbräu-Festhalle, deren mächtiger Zelthimmel von 16.000 LED-Birnen erstrahlt, setzt ganz auf Tradition. Das geht sogar so weit, dass hier einige Bedienungen bereits in zweiter und dritter Generation arbeiten, in Arbeitsplatz-Erbpacht sozusagen. Und seit 20 Jahren spielen »Die Heldensteiner« als Hauskapelle. Dieses Zelt tickt anders. Hier hat man auch zu den Stoßzeiten eine reelle Chance, eingelassen zu werden.

Seit 1979 betreibt die Familie Hagn das Löwenbräu-Zelt, zuvor war sie schon 1953 im Schützenzelt unterhalb der Bavaria engagiert. Wiggerl Hagn, der die Festhalle heute mit seiner Tochter Stefanie führt, gilt als einer der originellsten Wiesn-Wirte Münchens. Herausragendes Charakteristikum des Löwenbräu-Festzeltes ist der 37 Meter hohe Turm mit dem sich ständig drehenden Löwen.

Standort Wirtsbudenstraße | **Festwirte** Ludwig Hagn und Stefanie Spendler | **Sitzplätze** 8.500 in Zelt und Garten (5.800/2.700) | **Bier** Löwenbräu | **Atmosphäre** ausgelassen, aber gemütlich, Familienzelt | **Reservierung** Tel. 089/477677, www.loewenbraeuzelt.de | **Tipp** Weitere gastronomische Betriebe des Festwirts sind die Gaststätte und der Biergarten Hirschau.

30__ Die Marstall-Festhalle

Nachfolger des legendären Hippodroms

Das hat es seit Jahrzehnten nicht gegeben: Eines der großen traditionellen Festzelte, das 1902 durch die Wiesn-Legende Carl Gabriel gegründete Hippodrom, einst eine Art Reithalle mit Bierausschank, später dann ein Promi-Zelt, ist passé. Verspielt durch einen selbstherrlichen Festwirt, der Steuern in Millionenhöhe hinterzog und dem der Stadtrat die Schankerlaubnis strich. Sein Nachfolger Siegfried Able wollte das riesige Hippodrom partout nicht übernehmen. Die seit 1982 in der Gastronomie tätige Wirtsfamilie Able, die auf der Wiesn seit einigen Jahren die Kalbs-Kuchl betrieb, hatte sich mit einem eigenen, völlig neuen Zeltkonzept um die millionenträchtige Wiesn-Konzession beworben und vom Wirtschaftsausschuss der Stadt den Zuschlag erhalten. Damit war, zum Leidwesen vieler Traditionalisten und Stammgäste, das Hippodrom endgültig Geschichte. Ab 2014 gibt nun die Marstall-Festhalle als eines der fünf nicht brauereigebundenen Zelte den Ton am Entree der Theresienwiese an.

Das neue Marstall ist ein Bau, der sich an den prachtvollen Festzelten zu Beginn des 19. Jahrhunderts orientiert. Ideengeber war die von Leo von Klenze erbaute Hofreitschule, der Münchner Marstall. Pferde spielen, wie schon im Hippodrom, auch im Marstall eine dominierende Rolle. Über dem Eingang thront ein Gespann, und im Inneren stößt man immer wieder auf »nostalgische Prachtpferde«. Damit soll an die Ursprünge des Oktoberfestes angeknüpft werden, in denen Pferde immer eine dominante Rolle spielten.

Standort Wirtsbudenstraße (Platz des alten Hippodroms) | **Festwirte** Sabine und Siegfried Able | **Sitzplätze** 4.200 in Zelt und Garten (3.200/1.000) | **Bier** Spaten und Franziskaner | **Atmosphäre** gemütlich, familiär, abends Stimmungsmusik | **Reservierung** 089/31205529, www.marstall-oktoberfest.de | **Tipp** Die Festwirtsfamilie betreibt die Gastronomie im Tierpark Hellabrunn, den Biergarten am Lerchenauer See, die Pizza-Panini-Geschäfte an Hauptbahnhof und Stachus-Untergeschoss und den Münchner Eiszauber am Karlsplatz (Stachus).

31 __ Das Max-II-Denkmal

Hier startet der weltweit größte Trachtenumzug

Immer am ersten Wiesn-Sonntag wird die Stadt von Trachtenvereinen und Schützen aller Couleur dominiert. Vieltausendfach. Rund um das Max-II-Denkmal an der oberen Maximilianstraße wird Aufstellung bezogen, bevor sich der etwa sieben Kilometer lange Zug, angeführt vom reitenden »Münchner Kindl« in gelb-schwarzer Mönchskutte, quer durch die Innenstadt in Richtung Theresienwiese in Bewegung setzt. Rund 9.000 Teilnehmer kommen aus ganz Bayern und zunehmend auch aus dem Ausland zu dieser weltgrößten Trachtenschau nach München: historische Trachtengruppen, Blaskapellen und Fanfarenzüge, Sport-, Armbrust- und Gebirgsschützen, dazu die beeindruckenden Gespanne der Münchner Brauereien und zahlreiche Festwagen und Kutschen, in denen sich auch der Münchner Oberbürgermeister und der bayerische Ministerpräsident den mehr als 300.000 Schaulustigen zeigen. Die säumen die Residenz- und Ludwigstraße, den Odeons- oder Promenadeplatz oder sind Besitzer von Sitzplatzkarten für eine der zahlreichen Tribünen entlang der Zugstrecke.

Der traditionell vom Fernsehen live übertragene Trachten- und Schützenumzug, organisiert und in Szene gesetzt vom Festring München, kann mit den großen Rosenmontagszügen der rheinischen Karnevalsmetropolen durchaus mithalten. Ein beeindruckendes Kaleidoskop aus Trachten, Brauchtum und Volkstanz, erstmals in Szene gesetzt 1835 zu Ehren der Silberhochzeit König Ludwigs I. und Therese von Bayerns. 1950 wurde diese Tradition mit großem Erfolg wiederbelebt.

Standort 81675 München (Lehel) | **Anfahrt** U 4/5, Haltestelle Lehel; Tram 18/19, Haltestelle Maxmonument | **Veranstalter** Festring München e. V., Tel. 089/2608134, www.festring-muenchen.de | **Sitzplätze** rund 6.000 auf diversen Tribünen | **Tipp** Sehenswert ist bereits die Aufstellung der Trachten- und Gebirgsschützen-Formationen in den Seitenstraßen rund ums Max-II-Denkmal vor Beginn des Umzugs.

32 Das Museumszelt

Die Oide Wiesn blickt in die Vergangenheit

Das Münchner Stadtmuseum auf dem Oktoberfest – wie das? Nach dem großen Erfolg der Jubiläums-Wiesn »200 Jahre Oktoberfest« von 2010 wissen die Verantwortlichen des Stadtmuseums gar nicht, wie ihnen geschieht. So soll das damals erstmals präsentierte Museumszelt zur Dauereinrichtung auf der historischen Wiesn werden.

Zu sehen sind überwiegend Exponate, die jahrzehntelang von der 1976 gegründeten »Münchner Schausteller-Stiftung«, die das Museumszelt auch betreibt, gesammelt wurden und aus Platzmangel in den Depots des Stadtmuseums in Freimann schlummern. Es werden ausschließlich sehenswerte Raritäten ausgestellt, die zeigen, dass das Oktoberfest nicht nur ein exzessives Bierfest ist, sondern auch immer ein hohes Kulturgut war.

Da gibt es den »Wiener Eispalast« von 1938, ein reaktiviertes Süßigkeitenparadies, die Münchner Schiffschaukel von 1925 ist wieder in Betrieb, und eine historische Wurstbraterei bietet Leckereien. Alle Attraktionen sind intakt und lassen sich bespielen. Der älteste erhaltene Pack- und Wohnwagen (von 1905), alte Zugmaschinen und Traktoren dokumentieren das Leben der Schausteller während der Volksfeste. Zu sehen ist auch, dass die Wiesn während ihrer langen Geschichte immer Ort innovativer Erfindungen im Fahr- und Jahrmarktsgeschäft war. Das Museumszelt wird auch gastronomisch betrieben. Es gibt einen Bierausschank mit Küche, und zu aller Nostalgie spielt Musik.

Standort Oide Wiesn | **Festwirt** Münchner Schausteller-Stiftung,
www.muenchner-stadtmuseum.de | **Tipp** In der Adlzreiterstraße 12, nahe
der Theresienwiese, stand die Einstein'sche Elektrotechnische Fabrik, die
maßgeblich an der Elektrifizierung des Oktoberfestes beteiligt war (eine
Gedenktafel am Haus verweist darauf). Bei der Lampeninstallation des
Schottenhamelzeltes 1894 mit dabei: der junge Albert Einstein.

33__Die Ochsenbraterei

Der Drehspieß ist auch heute noch die Attraktion

Das war 1881 eine Sensation auf dem Oktoberfest: Der Metzger Johann Rössler erhielt die Genehmigung, seine »mechanische Ochsenbraterei« zu präsentieren; ein von ihm konstruiertes Lokomobil mit Bratvorrichtung, Gehäuse und Schlot, auf dem an einem Drehspieß ein ausgewachsener Ochse gegrillt wurde. Gebaut von der Münchner Ofenfirma Wamsler. Mit Böllerschüssen wurde der fertig gebratene Ochse begrüßt, portionsweise ging die Köstlichkeit über die Theke.

Das Publikum war begeistert, aber die Attraktion hatte einen Haken: Rössler durfte zum Ochsen kein Bier ausschenken. Der Bau einer eigenen Bierbude aber war dem Metzger zu teuer. Erst 17 Jahre später, 1898, bat der Münchner Magistrat den umtriebigen Metzger, zurück auf die Wiesn zu kommen und seine Ochsenbraterei erneut zu präsentieren – diesmal mit Bierausschank. Und wieder wurde die Bude der Renner.

Bis heute werden die riesigen, zwischen vier und sechs Zentner schweren Tiere vor den Augen der Besucher gebraten, mit modernerer Technik, aber immer noch als Attraktion. Neben dem Drehspieß wird auf einer Kreidetafel jeweils der Name des Ochsen notiert, sein Alter und Gewicht. Die einjährigen Ochsen werden immer zwischen sechs und sieben Stunden auf dem Grill gedreht, bis sie, saftig gegart, auf den Tischen landen. Die Tiere, von denen in den zwei Wiesn-Wochen rund 100 verzehrt werden, stammen überwiegend vom städtischen Gut Karlshof.

Festwirtinnen
Anneliese Haberl und Antje Schneider

Standort Wirtsbudenstraße | **Festwirte** Anneliese Haberl und Antje Schneider | **Sitzplätze** 7.500 in Zelt und Garten (5.900/1.600) | **Bier** Spaten und Franziskaner | **Atmosphäre** gemütlich, entspannt | **Reservierung** Tel. 089/38387312, www.ochsenbraterei.de | **Tipp** Weitere gastronomische Betriebe des Festwirts: Restaurant und Biergarten am Chinesischen Turm, die Kugler Alm, der Michaeligarten im Ostpark, Restaurant und Biergarten Zum Flaucher, der Taxisgarten.

34___Die Oide Wiesn

Die Oktoberfest-Nostalgie wird jetzt zur Regel

Nur Pferderennen wie auf der Jubiläums-Wiesn 2010 wird es in Zukunft keine mehr geben. Dieser Aufwand im südlichen Teil der Theresienwiese ist denn doch zu groß. Aber die Oide Wiesn, wie sie anlässlich des 200. Jahrestages des ersten Oktoberfestes von 1810 zu Ehren der Hochzeit von Kronprinz Ludwig und Prinzessin Therese veranstaltet wurde, soll jetzt regelmäßig stattfinden. Immer dann, wenn kein bayerisches Landwirtschaftsfest ansteht und die Freiflächen der Theresienwiese für sich beansprucht. Das Landwirtschaftsfest gibt es nur alle vier Jahre, das nächste findet 2016 statt.

Die Jubiläums-Oide-Wiesn von 2010 war ein Riesenerfolg. Eigentlich hatte man mit maximal 300.000 Besuchern gerechnet, und dann kam über eine halbe Million Menschen. Und die fanden alles, wonach sie gesucht hatten: nostalgische Fahrgeschäfte wie das alte Calypso aus den 1950er Jahren oder die Raupenbahn von 1926, Kurioses wie das Velodrom oder das Marionettentheater, Karussells in allen Variationen und Schaubuden von anno dazumal. Alles zu subventioniert niedrigen Preisen, querfinanziert durch einen kleinen Eintritt für die Oide Wiesn. Das soll so bleiben. Und möglichst auch die Gemütlichkeit, die ruhigere Gangart in und um die beiden Festzelte, in denen die Maß noch aus Holzfässern in alte Steinkrüge ausgeschenkt wird wie früher. Abseits allen hektischen Treibens des »richtigen« Oktoberfestes in Wirtsbuden- und Schaustellerstraße ist die Oide Wiesn binnen Kurzem zur Institution geworden.

Standort südliche Theresienwiese | Öffnungszeiten 10−22 Uhr, Einlass bis 21 Uhr, Ausschank bis 21.30 Uhr | Tipp »Universum Oktoberfest« bietet historische Wiesn-Führungen an. Ein Stand befindet sich am Haupteingang gleich hinter der U 4/5, Haltestelle Theresienwiese, Tel. 089/2323900, www.wiesenfuehrung.de.

35 Das Oktoberfest-Museum

Brauchtumskunde rund ums Bier

Richtig heißt es »Münchner Bier- und Oktoberfestmuseum« und zeigt einen Querschnitt durch die Münchner Bier- und Brauereikultur. Beheimatet ist das privat betriebene, 2005 eröffnete Museum in einem der ältesten Münchner Stadt- und Bürgerhäuser, gleich neben dem Isartor. Einen Besuch wert ist allein schon das Gebäude, von dem Teile noch aus dem Jahr 1346 datieren, mit seiner erhaltenen »Himmelsleiter« – einer unmittelbar hinter dem Eingang beginnenden Treppe, die steil nach oben bis ins Dachgeschoss führt. Von ihr gelangt man durch Holztüren auf die einzelnen Etagen, in denen sich das Museum befindet.

Hier lebt die Münchner Brauereitradition, Besucher können die Zunftfahne der Brauer oder die sogenannte Zunftlade aus dem 17. Jahrhundert besichtigen, in der viele wichtige Dokumente rund ums Braurecht und zum Reinheitsgebot verwahrt werden. Noch heute erhalten die Braugesellen ihre Gesellenbriefe aus dieser Lade.

In einem eigenen Stockwerk ist das »Oktoberfestmuseum« angesiedelt, das einen umfassenden Einblick in die 200-jährige Tradition des größten Volksfestes der Welt gibt. Mit vielen originellen Exponaten, wie der Zinnmodellsammlung an Bierkrügen der Familie Schottenhamel oder alten Fahnen und Stichen. In einem Stahlbehälter wird neuerdings auch das Geheimrezept des eigens anlässlich der Jubiläums-Wiesn 2010 gebrauten Bieres aufbewahrt. Der Behälter darf erst nach 100 Jahren wieder geöffnet werden.

Standort Sterneckerstraße 2, 80331 München (Altstadt), Tel. 089/24231607 |
Anfahrt S 1/2/3/4/6/7/8, Haltestelle Marienplatz oder Isartor; U 3/6, Halte-
stelle Marienplatz | **Öffnungszeiten** Di – Sa 13 – 18 Uhr | **Tipp** Das Bier- und
Oktoberfestmuseum bietet fachkundige Führungen. Eine gute Einstimmung
für einen Wiesn-Besuch. Im Museumsstüberl werden auf Wunsch Biere aller
sechs Münchner Brauereien ausgeschenkt. Das gibt's nur hier.

36__ Der Olympia-Looping

Die größte Achterbahn der Welt

Zuerst wurde diese Mammutkonstruktion ungläubig bestaunt. Zu groß, zu schnell, maßlos überdreht. Fast 40 Meter hoch, 1.250 Meter lang und dann diese fünf olympischen Ringe! Heute ist der Olympia-Looping, dieses gigantische Stahlgerüst der alten Bonner Schaustellerfamilie Rudolf Barth, das 1989 erstmals auf dem Oktoberfest installiert wurde, von der Wiesn nicht mehr wegzudenken. Es ist die größte mobile Fünfer-Looping-Bahn der Welt. Seit ihrer Münchner Weltpremiere ist sie jedes Jahr aufs Neue eine *der* großen Attraktionen der Wiesn.

Fünf Züge sind gleichzeitig am Start, mit jeweils 20 Personen. Die Fahrzeit dauert knapp zweieinhalb Minuten. Mit über 80 Stundenkilometern werden die fünf olympischen Ringe durchrast. Fünfmal geht es kopfüber durch die bis zu 20 Meter hohen Loops. Die Geschwindigkeit der einzelnen Züge kann sogar, elektronisch gesteuert, bis auf 100 Stundenkilometer erhöht werden. Ein Nervenkitzel der besonderen Art. Dennoch, Angst braucht man nicht zu haben. Ein integriertes Sicherheitssystem bringt die Bahn selbst bei Stromausfall kontrolliert zum Stehen.

Mit dem Aufbau dieses Unterhaltungsmonsters ist ein Dutzend Monteure eine Woche lang beschäftigt. Allein der Bahntransport nach München umfasst 50 Waggons mit 20 Großraumcontainern. Der zum Aufstellen benötigte Platz beträgt knapp 100 Quadratmeter. An Super-Wiesn-Tagen können stündlich bis zu 3.000 Personen durch die Olympia-Loops rasen.

Standort Straße 5 | **Veranstalter** Rudolf Barth u. Sohn KG, Theresien-höhe 6, 80339 München, Tel. 089/501112, www.olympialooping.de | Tipp
Zu empfehlen ist auch die Alpina Bahn, die längste loopingfreie Achter-bahn der Welt.

37__Die Paulaner Brauerei

Zum Starkbieranstich auf den Nockherberg

Nachdem die Schörghuber-Unternehmensgruppe 1979 mit Mehrheitsbeteiligungen an den traditionsreichen Münchner Brauereien Paulaner-Salvator-Thomasbräu und Hacker-Pschorr ins Braugeschäft eingestiegen war und deren Immobilien gewinnbringend herausgelöst hatte, kam es 1999 zur Gründung der Bayerischen Brauholding AG. Mit der Beteiligung der niederländischen Heineken N.V. 2001 an den Brauereigeschäften Schörghubers wurde die Bayerische Brauholding International initiiert, an der Schörghuber mit 50,1 Prozent und Heineken mit 49,9 Prozent engagiert sind. Zu dieser Unternehmensgruppe gehören die Paulaner Brauerei-Gruppe mit ihren Marken »Paulaner«, »Hacker-Pschorr«, »Thurn und Taxis«, die Kulmbacher Brauerei-Gruppe sowie die Karlsberg International Brand. Also ist die Paulaner-Gruppe nur noch teilweise in deutschem Besitz.

Dabei blickt Paulaner auf eine 400-jährige Geschichte zurück, die immer ausschließlich mit München verbunden war. Seit 1634 brauten die Paulaner-Mönche im Kloster Neudeck ob der Au starkes dunkles Bier »zur eigenen Hausnothdurft«, um dem kargen Essen der Fastenzeit genügend Energie zu geben. Daran erinnert heute noch der alljährliche Starkbieranstich im März. Ab 1780 durften die Mönche mit hochherrschaftlicher Erlaubnis unbeschränkt und steuerbefreit Bier auch an Gäste ausschenken. Im Zuge der Säkularisation gelangte das klösterliche Brauhaus in den Besitz des Bierbrauers Franz Xaver Zacherl, der schließlich die Sommerresidenz des Bankiers Nockher kaufte und mit der Brauerei auf den Nockherberg zog.

Standort Paulaner Brauerei GmbH & Co. KG, Hochstraße 75, 81541 München (Au), Tel. 089/480050, www.paulaner.de | **Anfahrt** U 1/2, Haltestelle Kolumbusplatz; Tram 17, Bus 52, Haltestelle Mariahilfplatz | **Besichtigungen** Mo – Fr 12.30 – 15.30 Uhr nur nach Voranmeldung, Tel. 089/48005871 | **Tipp** Oktoberfestbier von Paulaner gibt es im Winzerer Fähndl, im Armbrustschützen-Zelt und im Käferzelt. Den Stark-bieranstich auf dem Nockherberg im März sollte man einmal erlebt haben.

38__Die Paulskirche

Vom Turm aus hat man den ultimativen Blick

Dieser Aufstieg lohnt sich, und dennoch treten ihn nur die wenigsten an. Wer aber die 252 Stufen bis zur Aussichtsplattform der ersten Kanzel des zentralen Turms der Paulskirche erklommen hat, wird mit einem phantastischen Rundumblick auf die Stadt und vor allem auf die Festwiese belohnt. Unglaublich, dieses Menschen-Gewusel zwischen all den Zelten der Wirtsbuden- und den Fahrgeschäften der Schaustellerstraße von hier oben zu sehen, kurz unterhalb der Spitze des 97 Meter hohen Turms. Maximal 20 Besucher passen gleichzeitig auf die Balustrade der Aussichtsplattform, und so entsteht auch schon mal ein Stau bei Auf- und Abstieg, und es kann sich in der Kirche eine Schlange bilden. Immerhin sind es rund 6.000 Besucher, die zur Wiesn-Zeit den Turm besteigen, der nur zu Frühlings- und Oktoberfestzeiten geöffnet wird.

Die im neugotischen Stil zwischen 1892 und 1906 von Architekt Georg von Hauberrisser, der auch das Neue Rathaus am Marienplatz entworfen hat, erbaute katholische Pfarrkirche St. Paul gehört zu den größten Sakralbauten Münchens. Sie ist den Oktoberfestbesuchern allein schon wegen des mächtigen Hauptturms allgegenwärtig, dem die beiden Westtürme mit jeweils 76 Meter Höhe beistehen. Mit ihrem Hauptturm erinnert die Paulskirche, das erste Gotteshaus in der großbürgerlichen Ludwigsvorstadt, an den Kaiserdom in Frankfurt am Main. Nach starken Kriegszerstörungen wurde die Kirche innen modernisiert und der einstige von Säulen getragene Hochaltar mit seinem elf Meter hohen Steinbaldachin nur noch angedeutet.

Standort St.-Pauls-Platz 10, 80336 München (Ludwigsvorstadt) | **Anfahrt**
U 4/5, Haltestelle Theresienwiese | **Öffnungszeiten** der Kirche: täglich
8.30 – 17 Uhr, flexible Zeiten während der Wiesn | **Tipp** Die erst 1977
gebaute Orgel gehört zu den eindrucksvollsten ihrer Art in München.

39___Der Power Tower

Der höchste Freifallturm der Welt

Irgendwie kann man das Oktoberfest auch als weltgrößte Messe des Segments Fahr- und Schaugeschäft bezeichnen. Jedes Jahr werden die Anzahl der Marken und die Messlatten nach oben geschraubt: höher, schneller, nervenaufreibender müssen die Angebote sein.

2013 trat mit dem »Sky Fall« ein bislang nicht gekannter transportabler Freifallturm auf der Theresienwiese auf, der alle seine Vorgänger wieder einmal ausstach. Gebaut von der österreichischen Firma Funtime, auf der Wiesn präsentiert vom Münchner Schausteller und Technikfreak Michael Goetzke, der schon bis 2011 mit seinem niedrigeren Turm Freefall für Aufsehen gesorgt hatte.

Beim neuesten Power Tower, dem höchsten mobilen Freifallturm der Welt, rast die 24 Fahrgäste fassende Gondel aus gut 80 Metern Höhe im freien Fall nach unten, bevor sie von einer Magnetbremse sanft gestoppt und von einem hydraulischen Endpuffer zum Stehen gebracht wird. Die Vorgängermodelle wurden allesamt von Seilzügen betrieben und durch diese auch gebremst. Vorteil: Es konnte auf halber Sturzstrecke gestoppt und die Fahrt dadurch variiert werden. Der Sky transportiert die Fahrgäste zur Turmspitze, verharrt dort oben über dem Oktoberfest mal länger, mal kürzer, und wird dann urplötzlich ausgeklinkt. Die 13 Tonnen schwere Gondel stürzt ohne jede Vorwarnung 75 Meter in die Tiefe. Der freie Fall ist ein Adrenalinkick erster Güte. Schon das Zuschauen von der Festwiese aus ist spektakulär.

Standort Matthias-Pschorr-Straße/Ecke Wirtsbudenstraße |
Veranstalter Power-Tower Schneider & Co. OHG, Lerchenauer
Straße 219c, 80935 München, Tel. 089/35786767, www.powertower2.de |
Tipp Wer gleich noch mal hoch hinauswill, dem sei der Alex Airport
am Beginn der Schaustellerstraße empfohlen.

40__ Das Riesenrad

Die Wiesn aus der Vogelperspektive

Mit der Höhe kommt die Ruhe. Wer der Lärmkulisse des Oktoberfestes für einige Minuten entgehen möchte, dem sei das Riesenrad empfohlen. Mit jedem Meter, den die Gondel höhersteigt, wird die Stimmung meditativer. Ab 20 Metern Höhe wird es ganz ruhig, und dann kann man den atemberaubenden Blick auf die Wiesn und die Stadt, bei Föhn gar bis zu den Alpen, in vollen Zügen genießen. 40 Gondeln zieren dieses riesige Rad am südlichsten Ende der Wirtsbudenstraße, in jeder der kunstvoll lackierten Boxen haben zehn Personen bequem Platz. Und das auch bei nicht so optimalem Wetter, denn alle Gondeln sind mit Glasscheiben versehen.

Riesenräder faszinieren die Menschen seit über 100 Jahren und demonstrieren immer wieder neue technische Möglichkeiten und Innovationen. Stationäre Riesenräder gehören schon lange zu den Attraktionen großer Städte, Wien und London sind da treffende Beispiele. Mobile Riesenräder, diese technischen Monstren, die aufwendig transportiert und auf- und abgebaut werden müssen, dominieren die größten Volksfeste. So auch das Riesenrad der Familie Willenborg, das seit 1976 über der Festwiese thront.

Die großen Riesenräder sind Nachfolger der sogenannten »Russenräder«, die vor allem in Russland, der Türkei und verschiedenen Ländern des Orients im 17. und 18. Jahrhundert außerst beliebt waren. Das erste mobile Riesenrad mit modernster Technologie war auf der Weltausstellung 1893 in Chicago zu sehen. Eine gigantische Stahlkonstruktion von 80 Metern Höhe.

Standort Straße 5, am Ende der Wirtsbudenstraße | **Veranstalter** Heinrich Willenborg GmbH, Roter Turmplatz 111, 81371 München, Tel. 08170/7338, www.willenborg-riesenrad.de | **Tipp** Das »Russenrad« der Wiesn, die kleine und traditionelle Variante des Riesenrades, gibt es seit 1925 auf dem Oktoberfest. Bis 1960 war es mit seinen 14 Metern Höhe und den zwölf Gondeln eines der größten transportablen Riesenräder.

41__Die Ruhmeshalle

Berühmte Bürger schauen einem beim Zechen zu

Bavaria und Ruhmeshalle bilden ein in sich geschlossenes Ensemble, sind aber inhaltlich getrennt voneinander zu betrachten. Die gewaltige bronzene Bavaria ist die Patronin Bayerns, die sie umrahmende Ruhmeshalle bietet ein Kaleidoskop bayerischer Geschichte. Die 1853 von Baumeister Leo von Klenze entworfene und gebaute dreiflügelige Säulenhalle ist 68 Meter breit und 32 Meter tief. Zur Theresienwiese hin ist sie offen gestaltet und wird von 48 Säulen getragen. Im Innenraum sind die Büsten von herausragenden Persönlichkeiten der letzten Jahrhunderte, die sich um Bayern, die Wissenschaften und die Kunst verdient gemacht haben, ausgestellt – der König hatte seinerzeit beschieden, dass sie besonders lebensecht auszusehen hätten. Das Gesamtkunstwerk galt als bayerische Variante der einige Jahrzehnte zuvor eröffneten Walhalla hoch über der Donau bei Regensburg, in der die Büsten großer Deutscher aufgereiht sind.

Ursprünglich wurden 74 Büsten in der bayerischen Ruhmeshalle ausgestellt, im Laufe der Jahrzehnte kamen weitere hinzu. Zum 100. Geburtstag Ludwigs I. wurde zentral an der Mittelwand schließlich sein Abbild angebracht.

Nach starken Zerstörungen im Zweiten Weltkrieg wurde die Halle anlässlich der Olympischen Spiele 1972 wiedererrichtet und mit weiteren Darstellungen namhafter bayerischer Persönlichkeiten bestückt. Die jüngsten wurden 2009 enthüllt, darunter die von Bertolt Brecht, Franz von Lenbach und Carl Orff.

Standort Theresienhöhe 16, 80339 München (Schwanthalerhöhe) | **Anfahrt** U 4/5, Haltestelle Theresienwiese; Bus 131/134, Haltestelle Theresienwiese | **Öffnungszeiten** April–15. Okt. täglich 9–18 Uhr. Die Ruhmeshalle bleibt während des Oktoberfestes aus Sicherheitsgründen geschlossen, ist aber von außen einsehbar. | **Tipp** Gegenüber der Ruhmeshalle, in der Matthias-Pschorr-Straße, Ecke Wirtsbudenstraße gibt es den offiziellen Wiesn-Shop.

42 Die Schaustellerstraße

Hightech und Tradition im Schaugeschäft

Volksfeste gehören zur bayerischen Tradition, und das Münchner Oktoberfest ist das bedeutendste und größte. Für die Schausteller heißt das: Hochkonjunktur. Doch einen der begehrten und äußerst lukrativen Standplätze auf der Theresienwiese zu bekommen, ist an unzählige Auflagen gebunden. Und bewerben müssen sich die Schausteller jedes Jahr aufs Neue beim »Referat für Arbeit und Wirtschaft« der Stadt München, das die Zuschläge erteilt. Ob Riesenrad- oder Autoskooter-, ob Wurf- oder Schießbudenbetreiber, ob ein Stand für Süßigkeiten oder eine Mandelrösterei: Rund 1.500 Bewerbungen gehen jedes Jahr bei der Stadt ein. Sie werden nach einem bestimmten Kriterienkatalog bearbeitet, rund 600 erhalten einen Zuschlag.

Die Schaustellerstraße ist wahrscheinlich die längste und an mobilen Schaugeschäften dichteste Meile der Welt. Hier reihen sich, ebenso wie auf den fünf Querstraßen zur Wirtsbudenstraße hin, Fahrgeschäfte aller Art, von gigantischen Achterbahnen, Geisterbahnen, Loopings und Karussells über Schiffschaukeln und Irrgärten bis hin zu Varietés. Und immer ist die Schaustellerei ein Spiegel von Nostalgie und Moderne gleichermaßen. Rund 200 Betreiber sind es insgesamt auf der Wiesn, und bei über 80 Prozent von ihnen reichen die Wurzeln des Geschäfts ins 19. Jahrhundert. Neben vielen nostalgischen Fahr- und Schaugeschäften ist das Oktoberfest aber immer auch Messe der neuesten Kreationen im Schaustellergewerbe. Wenn es eine Weltneuheit in diesem Segment gibt, feiert sie hier Premiere.

Standort Schaustellerstraße | **Tipp** Zahlreiche Fahrgeschäfte der Schausteller-straße sind auch beim jährlichen Frühlingsfest auf der Theresienwiese mit von der Partie.

43__ Der Schichtl

Enthauptung mittels Guillotine

Seit 1985 schon ist Ringo Prätorius für 16 Wiesn-Tage der Henker vom Dienst. 30 Hinrichtungen pro Tag gehen auf sein Konto, über 400 während der zwei Oktoberfest-Wochen. Gnadenlos und blutig geht Ringo mit seiner Guillotine zu Werke – und nie schreitet die Polizei ein. Der Trick mit der Enthauptung, wahrscheinlich der älteste Act, der in München aufgeführt wird, war eine Erfindung des Schaustellers Michael August Schichtl (1851–1911), dem »Papa Schichtl«, der einer Artistenfamilie entstammte. Gemeinsam mit seinen beiden Brüdern Franz August und Julius führte er den Trick erstmals auf der Wiesn von 1871 vor.

Die Enthauptung wurde auf Anhieb zur Attraktion und zum Markenzeichen des 1869 gegründeten Illusionstheaters und sorgt seit nahezu 140 Jahren für ausverkaufte Veranstaltungen. Dabei muss regelmäßig eine Person aus dem Publikum zum Schafott schreiten. Dann fällt das Beil und trennt den Kopf vom Rumpf. Über 11.000 solcher Hinrichtungen gehen inzwischen auf das Konto der aktuellen Schichtl-Truppe, deren Rekommandeur seit über einem Vierteljahrhundert Manfred Schauer ist, ein Quereinsteiger ins Kuriositätenkabinett. Markenzeichen dieser lustig-makabren Revue, die neben der Enthauptungsnummer Jahr für Jahr mit neuen Überraschungen, Kleinkunst, Zauberei und Artistik aufwartet, ist die Parade der Artisten auf der Außenbühne vor jeder Vorstellung, an deren Ende es seit Papa Schichtls Zeiten heißt: »Auf geht's beim Schichtl!«

Heute EINRICHTUNG

Standort Schaustellerstraße, www.schichtl.by | Tipp Zu empfehlen ist das 2001 eröffnete, direkt an die Bühne angrenzende »Wirtshaus im Schichtl«. Seit 1990 steht die Original-Enthauptungsmaschine von 1871 im Stadtmuseum.

44__ Der Schottenhamel

In diesem Zelt heißt's: »O'zapft!«

Im Schottenhamel beginnt der ganze Zauber. Immer am vorletzten September-Samstag, pünktlich um 12 Uhr mittags. Wiesn-High-Noon. Dann schlägt traditionell der Münchner Oberbürgermeister in der Schottenhamel-Festhalle das erste Fass Bier an. Und ruft die unverrückbare Formel: »O'zapft is!« Seit 1950 geht das so, als Münchens damaliger Oberbürgermeister, Thomas Wimmer, dem Festwirt Schottenhamel den Gefallen tat, anzuzapfen. Seither ist das Anstich-Ritual Brauchtum.

Die Schottenhamel-Festhalle gilt trotz aller Traditionspflege als eines der »jüngsten« Zelte des Oktoberfestes, besonders beliebt bei Münchner Schülern und Studenten. Dabei handelt es sich um das nach Jahren älteste aller Festzelte. 1867 kam der Oberpfälzer Schreiner Michael Schottenhamel mit seiner jungen Braut, einer Wirtstochter, auf das Oktoberfest, um in einer winzigen Bierbude mit 50 Plätzen direkt hinterm Königszelt Bier zu verkaufen. Da regierte noch Ludwig II. 1886 errichteten die Schottenhamels eine ziegelgedeckte Bierhalle für 1.500 Gäste, und Ende des 19. Jahrhunderts waren sie es, die elektrisches Licht auf die Wiesn brachten. Vom damaligen Stararchitekten Gabriel von Seidl ließen sie schließlich eine Bierburg für 8.000 Personen bauen. Schon damals sollen im Schottenhamel studentische Vorlesungen abgehalten worden sein, trafen sich hier Münchens Studentenverbindungen

Die Bedienungen stechen durch schwarze Röcke, weiße Servierschürzen und Häubchen heraus. Eine Spezialität: Es gibt viereckige Biertische mit Platz für acht bis zehn Personen.

Standort Wirtsbudenstraße | **Festwirte** Christian und Michael Schottenhamel | **Sitzplätze** 9.000 in Zelt und Garten (6.000/3.000) | **Bier** Spaten-Franziskaner-Bräu | **Atmosphäre** Riesenstimmung, offen, hoher Kennenlernfaktor | **Reservierung** Tel. 089/54469310, www.schottenhamel.de | **Tipp** Weitere gastronomische Betriebe der Festwirte: der Löwenbräukeller am Stiglmaier-platz, Gutshof und Biergarten Menterschwaige, die Schlosswirtschaft Zur Schwaige am Schloss Nymphenburg.

45 — Das Schützen-Festzelt

Oktoberfestschießen und feiern zu Füßen der Bavaria

Geschossen wurde auf dem Oktoberfest schon immer, denn die Münchner Schützen waren 1810 Teil der Hochzeitsfeierlichkeiten des Kronprinzen Ludwig von Bayern mit Prinzessin Therese von Sachsen-Hildburghausen, der Geburtsstunde des Oktoberfestes. Seit 1896 werden auf dem Oktoberfest regelmäßig Schützenkönige und Meisterschaften ausgeschossen. Da gab es das Schießen auf laufende Hirsche, da wurden hölzerne Adler von den Masten geholt.

Im Laufe der Jahrzehnte haben sich daraus die Landes- und Oktoberfestmeisterschaften der Sportschützen entwickelt, ausgetragen im hinteren Teil des Schützenzeltes. Hier werden über die gesamte Wiesnzeit hinweg die Schützenkönige ermittelt. Heute wird in zahlreichen Kategorien insgesamt um Preisgelder von mehreren zehntausend Euro und viele wertvolle Sachpreise geschossen – mit Luftpistole oder Luftgewehr auf eine Distanz von 10 Metern an 80 elektronischen Ständen auf Standscheiben. Auch Oktoberfestbesucher, die einem Schützenverein angehören, können sich beteiligen.

Das Schützenzelt wurde erst im Laufe der Jahre zum Bierzelt. Ursprünglich wurden die Wettbewerbe unter freiem Himmel ausgetragen, und zum Essen gingen die Schützen ins benachbarte Schottenhamel-Zelt. 1926 gab es dann die erste eigene Festhalle, allerdings ein Provisorium, um beim Schießen nicht dem Wetter ausgesetzt zu sein, ohne Bier und Verpflegung. Zu einem richtigen Bierzelt hat sich das Schützenzelt erst in den letzten 30 Jahren entwickelt.

Standort Matthias-Pschorr-Straße | **Festwirt** Eduard Reinbold | **Sitzplätze** 5.500 in Zelt und Garten (4.400/1.100) | **Bier** Löwenbräu | **Atmosphäre** tagsüber familiär, abends Partystimmung | **Reservierung** Tel. 089/23181224, www.schuetzen-festzelt.de | **Tipp** Im Biergarten hat man einen schönen Blick auf die Bavaria. Weitere gastronomische Betriebe des Festwirts: Zum Franziskaner, Residenzstraße, Hotel Drei Löwen, Schillerstraße.

46__Das Servicezentrum

Hier residiert das Wiesn-Rathaus

Das Oktoberfest hat für München wirtschaftlich und kulturell eine solche Bedeutung, dass es auf der Theresienwiese seit 2004 ein ganzjähriges Servicecenter gibt, in dem alle Fäden rund um das größte Volksfest der Welt zusammenlaufen. Das dem »Städtischen Referat für Arbeit und Wirtschaft« unterstellte Servicezentrum koordiniert alle Bewerbungen für das Oktoberfest. Der lang gestreckte, bewusst schmucklose, aber funktionale Bau steht schräg unterhalb der Bavaria. Das dunkel gehaltene »Wiesn-Rathaus«, 2005 mit dem Deutschen Fassadenpreis ausgezeichnet, ist so unspektakulär und einfach konzipiert, weil es eigentlich außerhalb der Wiesn-Zeit gar nicht wahrgenommen werden und »über die Materialität seiner Außenhaut wie ein Chamäleon in der Farbigkeit der Theresienwiese untergehen soll«. Es handelt sich tatsächlich um das erste Gebäude auf der über die Jahrhunderte von jeder Bebauung frei gehaltenen Theresienwiese.

Was tun, wenn im Wiesn-Trubel das Kind verloren geht und seine Eltern nicht mehr findet? Wenn die Handtasche liegen geblieben ist? Oder jemand einen Schwächeanfall erleidet und Hilfe braucht? Während der Festtage besteht im Servicezentrum Hochkonjunktur, arbeiten hier rund 400 Mitarbeiter aus zwölf städtischen Behörden. Hier residieren die Festleitung, das Tourismusamt der Stadt, die Pressestelle, das Fundbüro und die Lebensmittelüberwachung. Aber auch die Polizei, die Feuerwehr, das Jugendamt und das Rote Kreuz mit bis zu zehn Ärzten und 100 ehrenamtlichen Sanitätern. Während der Wiesn verwandelt sich das Servicezentrum zum Münchner Rathaus.

Standort Matthias-Pschorr-Straße 4, 80339 München (Ludwigvorstadt) |
Anfahrt U 4/5, Bus 134, Haltestelle Theresienhöhe | **Öffnungszeiten**
während der Wiesn täglich 9–22 Uhr (bei Bedarf länger), die Sanitätsstation
bis 2 Uhr, ganzjährig besetzt | **Tipp** Weitere Stationen des Bayerischen
Roten Kreuzes auf der Theresienwiese sind gut sichtbar durch große
schwebende Ballons mit dem Roten Kreuz gekennzeichnet. In der Wirts-
buden- und Schaustellerstraße sowie in den fünf Querstraßen gibt es
zahlreiche gekennzeichnete Notrufsäulen.

47__Die Spatenbrauerei

»Lass Dir raten, trinke Spaten«

1807 übernahm der königliche Hofbraumeister Gabriel Sedlmayr die kleine, ursprünglich 1397 in der Neuhauser Gasse gegründete Spaten-Brauerei, die schon eine wechselvolle Geschichte aufwies. Mit seinem Einstieg begann der Aufstieg der Familie Sedlmayr zu einer der mächtigsten und einflussreichsten Bier-Dynastien Münchens.

Weitere kleinere Brauereien wurden gekauft und in die Spaten-Brauerei integriert. Nach dem Tod Gabriel Sedlmayrs übernahmen dessen Söhne Joseph und Gabriel junior die Geschäfte. Joseph erwarb schließlich die Brauereien Leist und Franziskaner und schied aus dem Spaten-Unternehmen aus. Ab 1851 wurde die gesamte Brauerei unter der Ägide von Gabriel junior an die Marsstraße verlegt, wo sie bis heute ansässig ist. Spaten braute 1894 als erste Münchner Brauerei helles Bier nach Pilsener Art auf der Basis des Reinheitsgebotes von 1516. Mit dem »Spaten Münchner Hell« gelang ein Riesenerfolg weit über München hinaus. Das Unternehmen wurde Mitte des 19. Jahrhunderts zu Münchens größter Brauerei. Seit 1884 gibt es das Firmenlogo mit dem weißen Spaten auf rotem Hintergrund und den Initialen von Gabriel Sedlmayr. 1922 fusionierten die Spaten-Brauerei und die Franziskaner-Leist-Brauerei unter dem gemeinsamen Dach der Familie und schlossen einen Kooperationsvertrag mit der räumlich benachbarten Löwenbrauerei. 1997 fusionierten sie zur Spaten-Löwenbräu-Gruppe. 2004 verkauften die Besitzerfamilien das Unternehmen an den amerikanisch-belgischen Bier-Konzern Anheuser-Busch.

Standort Spaten-Franziskaner-Bräu GmbH, Marsstraße 46–48, 80335 München (Maxvorstadt), Tel. 089/52000, www.spatenbraeu.de | **Anfahrt** S 1/2/3/4/6/7/8, Haltestelle Hackerbrücke; U 1, Haltestelle Stigl-maierplatz | **Besichtigungen** Einzelpersonen oder Gruppen mit weniger als 20 Personen an jedem ersten Freitag im Monat und samstags; separate Termine für Gruppen mit 20 und mehr Teilnehmern; Voranmeldung erforderlich (Besucherzentrum.münchen@ab-invev.com) | **Tipp** Spaten-Bier und Franziskaner-Weiße gibt es unter anderem in der Schottenhamel-Festhalle und der Ochsenbraterei. In den Kellergewölben der Spatenbrauerei gibt es ein Besuchermuseum, das im Zuge der Brauereiführung besichtigt wird.

48 Das Staatliche Hofbräu

Die Brauereiperle des Freistaates

Ab 1607 stand die 1589 gegründete Brauerei da, wo heute das Hofbräuhaus residiert, am Platzl in der Altstadt, Münchens weltweit bekanntester Adresse. Herzog Wilhelm V. hatte den Bau eines Brauhauses befohlen, um den Wittelsbacher Hof und sein riesiges Gefolge mit eigenem Bier zu versorgen, das bis dahin immer teuer importiert werden musste. Schon wenige Jahre später wurde das erste Weißbier gebraut, gefolgt vom Maibock, dem ersten seiner Art – beides große Publikumserfolge. Die heute noch existierende Hofbräuhausmühle wurde in unmittelbarer Nachbarschaft zur Brauerei als deren Malzhaus gebaut.

Von Anbeginn also war das Hofbräu in hoheitlichem Besitz. Anfänglich königliches Hofbräuhaus, ging es 1852 per Dekret Maximilians II. in den Besitz des bayerischen Staates über. Die Insignien mit den Buchstaben HB und der Krone und die eingetragene Marke »Hofbräu« gibt es seit 1879. Hofbrauerei und Hofbräuhaus sind bis heute feste und lukrative Bestandteile im Finanzbudget des Freistaates. 1897 zog die Brauerei, der Enge des Platzl geschuldet, auf Geheiß Prinzregent Luitpolds in neu erbaute Brauereigebäude und Sudhäuser nach Haidhausen, in die Wiener Straße. Das Staatliche Hofbräuhaus am Platzl wurde komplett umgebaut, erheblich erweitert und zum reinen Gaststättenbetrieb mit eigenem Biergarten. Nach einem Großbrand in der Hofbrauerei 1987 wurde der schon zuvor gefasste Plan, die Brauerei an den Stadtrand Münchens zu verlegen, realisiert: Sie zog nach München-Riem.

Standort Staatliches Hofbräuhaus in München, Hofbräuallee 1, 81829 München (Riem), Tel. 089/921050, www.hofbraeu-muenchen.de | **Anfahrt** Bus 186, Haltestelle Hofbräuallee | **Besichtigungen** nach individueller Terminabsprache Di 10 Uhr, Do 10 und 12.30 Uhr | **Tipp** Das Bier, das als stärkstes Wiesn-Bier gilt, gibt es nur im Hofbräu-Zelt. Der Hofbräukeller in der Inneren Wiener Straße gehört zu den schönsten Biergärten Münchens. Das Hofbräuhaus am Platzl ist eine Institution.

49 __ Das Stadtmuseum

Die Schaustellerabteilung ist sehenswert

Ganz einfach sind die Exponate des Oktoberfestes im Stadtmuseum, dem Alten Zeughaus der Stadt München, nicht zu finden. Am Ende des Rundgangs durch die Dauerausstellung des Puppentheaters im dritten Obergeschoss stößt man auf das Thema Schaustellerei des 19. und 20. Jahrhunderts mit dem Schwerpunkt »Münchner Oktoberfest«.

Da begegnet man den mächtigen, das Dach haltenden handgeschnitzten Säulenfiguren eines Autoskooters, einer märchenhaft dekorierten Schießbude, an der man auf Porzellanpfeifen schießen musste, der mechanischen Wurfhalle, in der man Zylinder von den ulkigsten Köpfen abzuwerfen hatte, dem Modell einer der ersten Achterbahnen von 1912, King Kong als mechanischer Riesenfigur eines Fahrgeschäfts, originellen Walzenorgeln, einer farbenprächtig verzierten Gondel des Riesenrades und den weltweit ältesten noch erhaltenen Karussell-Pferden und -Wagen. In einem Panoptikum der kuriosesten Persönlichkeiten warten auf den Besucher der »blutende Kopf« – zum Schaudern – und eine liegende Venus als anatomisches Modell. An einer Schießbude konnte auf Adolf Hitler geschossen werden, offizieller Name: »Smash Hitler«. Hinzu kommen alte Ankündigungsplakate, Schaustellermalerei und Fotografien von Völkerschauen und Vorführungen exotischer Zeitgenossen. Ein Höhepunkt der Sammlung freilich ist die Original-Guillotine zur »Enthauptung einer lebenden Person« des bis heute unvermindert auftretenden Wiesn-Varietés Schichtl gleich neben dem »Mechanischen Turner« am Schlappseil.

Standort St.-Jakobs-Platz 1, 80331 München (Altstadt), Tel. 089/23322370 |
Anfahrt U 3/6, Haltestelle Marienplatz; Bus 62, Haltestelle St.-Jakobs-Platz |
Öffnungszeiten Di–So 10–18 Uhr | **Tipp** Man sollte sich unbedingt auch
die Dauerausstellung »Typisch München« zur Stadtgeschichte anschauen und
sich auf keinen Fall die um 1480 entstandenen Moriskentänzer von Erasmus
Grasser, modelliert für den Ballsaal des Alten Rathauses, entgehen lassen.

50___ Der Toboggan

Sich auf Kosten anderer amüsieren

Eigentlich ist der Toboggan die historische Rutschbahn der Wiesn. Und gleichzeitig ist er Stätte größter Schadenfreude. Denn hinauf auf den Turm kommt man mittels eines Laufbandes, und auf dem das Gleichgewicht zu halten, verlangt Geschick. Besonders, wenn man einige Maß Bier intus hat. Verständlich, dass die vielen Zuschauer schallend lachen, wenn es einen Mutigen so richtig hinhaut und der käfergleich auf dem Rücken liegend nach oben rauscht, bevor er über Treppen die Turmspitze besteigt, um auf kleinen Teppichen sitzend die Rutschpartie anzutreten.

In Paris hatte es um 1900 eine riesige Turmrutschbahn gegeben, Anlass für den badischen Schausteller Anton Bausch, eine solche auch in Deutschland zu kreieren. Toboggans wurden zu einem Renner auf großen Volksfesten, also natürlich auch auf dem Oktoberfest, wo es zwischenzeitlich drei Exemplare gab, teilweise erheblich größer als das bis heute verbliebene. 1920 kauften die aus dem Schaustellergewerbe stammende Hedwig Klapp und ihr Mann Hans Konrad den heute noch auf der Wiesn zu sehenden Toboggan, ursprünglich ausgestattet mit zwei Rutschbahnen. Sie verkleinerten die Turmrutsche, um sie auf allen möglichen Jahrmärkten im europäischen Ausland aufstellen zu können. Seit 1933 steht der Toboggan der Familie Konrad regelmäßig auf dem Oktoberfest. Damit gehört er – der Begriff stammt von den kanadischen Algonkin-Indianern und bezeichnet einen leichten hölzernen Schneeschlitten – zu den historischen Schaugeschäften.

Standort Matthias-Pschorr-Straße, www.toboggan-konrad.de | Tipp
Es gibt im Internet (www.oktoberfest.eu) eine Liste familiengerechter und
damit auch für Kinder geeigneter Fahrgeschäfte. »Wiesn-Hits für Kids« ist
ein Label, das auf kindgerechte Fahrgeschäfte aufmerksam macht. An der
Straße 3 Ost gibt es den »Familien-Platzl«.

51___Der Vogelpfeifer

Unter der Bavaria zwitschert es seit Generationen

Der Vogel-Jakob war eine Legende. Der Münchner Lorenz Tresenreiter (1901–1960) sorgte mit seinen Nachtigall-Flöten schon in den 1920er Jahren für Furore. Er schaffte es wie kein Zweiter, zahlreiche Vögel naturgenau zu imitieren. Das Entscheidende war: Mittels einer kleinen Membran gelang das Kunststück auch Laien problemlos. Das »Vogelpfeiferl« wurde ein Verkaufshit. Präsentiert auf einer Verkaufsfläche von einem Quadratmeter, einem Podest, erhöht über den Häuptern der Wiesn-Besucher, dem wahrscheinlich winzigsten Schaustellergeschäft des Oktoberfestes überhaupt. Nach dem Zweiten Weltkrieg erfand der Vogel-Jakob die »EDERNA«-Flöte, wobei »EDERNA« so viel hieß wie »Echo der Natur«. Der Vogel-Jakob wurde eine Berühmtheit und hatte mit seinen Vogelstimmen weit über das Oktoberfest hinaus große Erfolge. Sein Schwiegersohn Rudolf Hermann führte das Wiesn-Geschäft bis 1997. Dann war Schluss. Und die Münchner traurig.

Aber es gab Ersatz. Seit nunmehr 30 Jahren pfeifen die Bergers, was die Vögel hergeben. Vater Horst und Sohn Tobias präsentieren auf der Wiesn täglich ihre Stimmenimitationen und verkaufen die selbst produzierten flachen Plättchen aus Aluminiumblech, wasserfestem Hartpapier und einer Membran. Und das mit großem Erfolg, denn sie zeigen den vielen Interessierten auch, *wie* es funktioniert: das Plättchen mit der Zunge gegen den Gaumen drücken und die Luft einziehen. Und schon zwitschert es. Es braucht ein wenig Geschick, aber pfeifen kann jeder. Das Vogelpfeiferl: großer Effekt für kleines Geld.

Standort Matthias-Pschorr-Straße, gegenüber dem Schützen-Festzelt, www.bayern-vogelpfeiferl.de | **Tipp** Der Flohzirkus in der Schausteller-straße ist eine Attraktion der ganz besonderen Art.

52 __ Das Weinzelt

Bei Kufflers gibt es Wein und Weißbier

Man fragt sich: Wie kommt ein Weinzelt aufs Oktoberfest? Bereits in der Frühzeit der Wiesn wurde Wein ausgeschenkt. Es gab zahlreiche Weinstände und Bodegas. Und in dieser 200-jährigen Tradition entstand 1984 das Weinzelt der Sektkellerei Nymphenburg, das schnell zur Institution wurde und die anlockte, die des Bieres überdrüssig waren. 1999 übernahm die Gastronomen-Familie Kuffler das Nymphenburger Festzelt, und alles wurde eine Nummer größer. 2005 entstand ein Neubau, gestaltet im Stil eines fränkischen Weingartens, und machte das Weinzelt mit knapp 3.000 Quadratmetern Fläche zu einer der großen Festhallen auf der Wiesn. Statt Biergarnituren gibt es hier gemütlich hergerichtete Holzbänke mit Rückenlehnen, Eckbänke in abgetrennten Holzboxen und innen eine Rundumbalustrade. Auch der Garten mit weiteren gemütlichen Boxen und der mittigen Bar vermittelt Weinseligkeit.

Beim Weinzelt, das wie der »Käfer« bis ein Uhr nachts geöffnet hat, gehen die Meinungen auseinander. Für die einen ist es das schönste Zelt mit der besten Stimmung, für die anderen ist es ein Fremdkörper inmitten der Wiesn. Das Publikum ist eher gesetzter, und das Weinzelt gilt als ausgemachte Kontaktbörse mit hohem Anmachfaktor. Hier zieht es viele Frauen mittleren Alters her. Immerhin gibt es für den, der keinen Wein mag, auch Paulaner Weißbier. Und wenn die Stimmung richtig ausgelassen ist, wird auch hier der Champagner in Magnumflaschen serviert und aus Bierkrügen getrunken.

»BÖF«
Bayerisch-
Österreichische Freundschaft

Mittagsmenü 24,50*

Standort Matthias-Pschorr-Straße | **Festwirte** Roland, Doris und Stephan Kuffler | **Sitzplätze** 2.500 in Zelt und Garten (1.920/580) | **Getränke** Paulaner Weißbier bis 21 Uhr, Nymphenburg Sekt, Weine, Roederer Champagner | **Atmosphäre** weinselige Gemütlichkeit, gute Stimmung, hoher Flirtfaktor | **Reservierung** Tel. 089/29070517, www.weinzelt.com | **Tipp** Weitere gastronomische Betriebe der Festwirte: das Seehaus im Englischen Garten, das Spatenhaus an der Oper, das Mangostin, der Haxnbauer und das Palace Hotel.

* * *

Bayrisch Creme aus der
Spatenhaus-Patisserie, klassisch
auf Fruchtmark mit Waldbeeren-
grütze

Wochentags bis 16:00 (außer Sa./So. u. Feiertag)

53 __ Die Wilde Maus

Wenn man nicht genug kriegen kann

Seit ihrem ersten Auftritt auf der Wiesn 1995 ist die Wilde Maus des Münchner Schaustellers Peter Münch ein Erfolg. Keine Frage: Dieses rasante Fahrgeschäft wird jedes Jahr aufs Neue lizenziert und für die Wiesn zugelassen. Andernfalls würden die Münchner auf die Barrikaden gehen. Aber was macht die Faszination der Wilden Maus aus? Es sind die sogenannten Mauskurven, durch die man mit hoher Geschwindigkeit rast: enge Kurven, ohne großen Bogen, die einen abrupt in eine andere Richtung reißen. Anders gesagt: Der Besucher erlebt den Schrecken, beim Fahren aus der Bahn zu fliegen, hat den Eindruck, über das Ziel hinaus ins Nichts zu schießen. Der Mauskurs besteht aus steilen Abfahrten, engen Tälern und schnittigen Kurven, ohne Loopings und spektakuläre Abfahrten.

Heute gibt es diese Fahrgeschäfte auf den großen Volksfesten weltweit. Die Wilde Maus stammt aber ursprünglich tatsächlich vom Oktoberfest. 1934 präsentierte der Schausteller Franz Xaver Heinrich hier seine »Teufelskutsche«, damals noch aus Holz.

Seit 1994 ist die aktuelle Maus mit ihren Effekten im Einsatz. Stahl statt Holz, gebaut von der Münchner Firma Maurer & Söhne. Auf die 370 Meter lange Fahrstrecke starten immer zwei Wagen synchron, um dann spiegelverkehrt gegeneinander zu fahren. Das vermittelt den vier Wageninsassen das Gefühl, unaufhaltsam aufeinander zuzurasen, um dann kurz vor dem Crash abrupt abzubiegen.

Standort Straße 2 Ost | Veranstalter Peter und Renate Münch GbR,
St.-Martin-Straße 8, 81541 München, Tel. 089/906437, www.muenchs-
wildemaus.de | Tipp Zu Beginn der Wirtsbuden- und Schaustellerstraße
gibt es Stände der Staatlichen Lotterie und entsprechende Losverkäufe.

54__Das Winzerer Fähndl

Das Festzelt mit dem Riesenmaßkrug

Das Winzerer Fähndl ist das Festzelt der Paulaner Brauerei. Namensgeber war die Schützengilde Winzerer Fähndl, obwohl diese vor über 100 Jahren mit dem Armbrustschützenzelt ein eigenes Domizil erhielt. Wahrzeichen ist der überdimensionale sechs Meter hohe Maßkrug, der sich auf dem 25 Meter hohen Paulaner-Turm unmittelbar neben dem Zelt dreht. Und auf dem sieht man die Wiesn-Bedienungen Anfang des 19. Jahrhunderts mit vollen Maßkrügen nach vorne preschen, demonstrieren, streiken. Die Frauen zogen als Antwort auf die wiederholte Erhöhung des Bierpreises mit einem Protestmarsch durch die Münchner Innenstadt.

2010 wurde das Zelt zur 200-jährigen Wiesn grundlegend erneuert. Heute ist es mit knapp 11.000 Sitzplätzen das größte auf dem Oktoberfest und wahrscheinlich auch das modernste. Durch die enorme Spannweite mit freitragender Konstruktion ohne Stützsäulen und Balken hat man von allen Seiten freie Sicht auf die Musik und das Treiben im Zelt. Dazu kommt eine teilweise verglaste Außenfront.

Und dann gibt es ein technisches Unikat zur zentralen Bierversorgung: Durch eine 240 Meter lange unterirdische Pipeline, eine Ringleitung von zehn Zentimetern Durchmesser, fließt das Bier aus einem zentralen Container an alle Schänken, die jetzt nicht mehr einzeln »bepumpt« werden müssen. Mit einem ständigen Druck von 1,5 bar können pro Minute 15 Maß aus den elf Zapfhähnen fließen – durch an den Zapfstellen eingebaute »Durchlaufkühler« mit optimaler Biertemperatur.

Standort Wirtsbudenstraße | **Festwirte** Peter und Arabella Pongratz | **Sitzplätze**
10.900 in Zelt und Garten (8.450/2.450) | **Bier** Paulaner | **Atmosphäre**
gemütlich, traditionell zur Mittagszeit, abends Riesenstimmung für jedes
Alter | **Reservierung** Tel. 089/62171910, www.winzerer-faehndl.com | **Tipp**
Allein wegen der Größe des Zeltes hat man eine gute Chance, Einlass zu
finden. Weitere gastronomische Betriebe des Festwirts: Gaststätte und Biergarten am Nockherberg.

55__Die Wirtsbudenstraße

Der Einzug der Münchner Brauereien und Wiesnwirte

Wenn sich der Zug der Festwirte und Brauereien gegen 10.50 Uhr in der Josephspitalstraße in Bewegung setzt, ist gewiss, dass in etwas mehr als einer Stunde das Oktoberfest beginnt. Seit 1887 schon gibt es am ersten Wiesn-Samstag den rund eine Stunde dauernden und etwa 1.000 Teilnehmer umfassenden festlichen Einzug der Wirte und Brauer, bis ins Detail organisiert vom Festring München e. V., dessen vordringlichste Aufgabe die Pflege des Münchner und bayerischen Brauchtums ist.

Von imposanten Pferdegespannen gezogen, fahren die Festwirte mit ihren Familien in bunt geschmückten Kutschen um kurz vor zwölf unter dem Jubel Zehntausender Schaulustiger in die Wirtsbudenstraße ein. Nebst Maßkrug schwenkenden Kellnerinnen, die symbolisch das Bier auf die Wiesn bringen. Ihnen folgen die kleinen Wiesn-Wirte, die Schausteller und Marktkaufleute auf eigenen Wagen. In einer der ersten Kutschen hinter dem hoch zu Ross den Zug anführenden Münchner Kindl winkt der Oberbürgermeister. Die prächtigen Pferdegespanne der Münchner Brauereien halten jeweils vor ihren Zelten. Die Musikkapellen marschieren gleich durch in ihre Festhallen, wo sie Stellung beziehen. Alles ist minutiös geplant: Die Kutsche des Oberbürgermeisters hält am Schottenhamel-Festzelt. Hier sticht das Stadtoberhaupt traditionell um Punkt zwölf Uhr das erste Wiesn-Fass an und eröffnet das Oktoberfest mit den Worten: »O'zapft is. Auf eine friedliche Wiesn.« Jetzt fließt das Bier in Strömen.

Zugstrecke Josephspitalstraße, 80331 München (Altstadt) | **Anfahrt**
U 1/2/3/6/7/8, Tram 18/27/28, Haltestelle Sendlinger Tor; östliche Sonnenstraße (Tribünenplätze; Karten über München Ticket), Schwanthalerstraße,
Hermann-Lingg-Straße, Bavariaring, Theresienwiese, Wirtsbudenstraße |
Tipp Am ersten Wiesn-Sonntag um 11 Uhr findet zu Füßen der Bavaria
traditionell das Standkonzert der Kapellen aller Festzelte statt.

55½ Das stille Örtchen

Auch das »Austreten« wird von langer Hand geplant

Rund 400.000 Besucher sind im Durchschnitt während der 16 Festtage täglich auf der Wiesn, amüsieren sich, trinken und essen. Aber wo bleibt all das Konsumierte? Irgendwie muss das doch auch wieder raus. Vor allem der Bierkonsum hat seinen Preis. So wird das stille Örtchen zwangsläufig von nahezu jedem Besucher mehrmals während seines Wiesn-Aufenthalts frequentiert. Apropos »*stilles* Örtchen«: Die Herrentoiletten sind regelrechte Rummelplätze entlang der meist metallenen Behältnisse. Da tut sich ein eigener Wiesn-Kosmos auf, vielfach die Kehrseite des Vergnügens.

Aber wer kümmert sich um die Installation dieser unzähligen Toiletten, um die Wassermassen der Spülungen? Zuständig für den Toilettenaufbau und die hygienische Aufsicht ist die Stadt, das »Referat für Arbeit und Soziales«. Eine Sisyphusarbeit – und eine logistische Meisterleistung. Rund 2.000 Toiletten und Urinale gibt es auf der Wiesn, rund 1.400 »Sitzplätze« und 900 Meter »Stehplätze«. Gigantische Pinkelrinnen und gepflegte Toiletten, die dann auch schon mal etwas kosten, obwohl die Benutzung eigentlich kostenlos zu sein hat. Dazu gibt es knapp 30 behindertengerechte Toiletten.

Die stillen Örtchen sind gut sichtbar in den großen Bierhallen und auf Hinweistafeln in der Wirtsbudenstraße ausgeschildert. Während es auf den Herrentoiletten, vor allem in den großen Bierzelten, mitunter archaisch zugeht, ist bei den Damen alles gesitteter. Entsprechend lang sind dann aber auch mitunter die Schlangen.

Weitere kleine Festzelte

Ein Prosit der Gemütlichkeit

Die Bratwurst, seit 2007 auf der Wiesn, davor Bratwurst-Glöckl. Auf der Karte: Bayerische Fleischspezialitäten.

Standort Matthias-Pschorr-Straße, am Esperantoplatz | Festwirt Werner Hochreiter | Sitzplätze 700 in Zelt und Garten (500/200) | Bier Augustiner | Atmosphäre zünftig | Reservierung Tel. 089/95959415, www.zur-bratwurst.de

Das Café Schiebl, seit 1976 auf dem Oktoberfest, ist seit Jahren eine feste Größe.

Standort Wirtsbudenstraße, neben der Hühnerbraterei Ammer | Festwirte Valerie und Thomas Schiebl | Sitzplätze 100 | Getränke alles außer Bier | Atmosphäre gemütlich | Reservierung Tel. 089/4484462, www.schiebls-cafebetriebe.de

Die Hühner- und Entenbraterei Wildmoser, seit 1981 im Besitz der Familie Wildmoser, 2011 runderneuert »Zum Hühnerstadl«.

Standort Wirtsbudenstraße, zwischen Hofbräu- und Armbrust-schützenzelt | Festwirte Theres Wildmoser und Eva Kaspar | Sitzplätze 320 im Zelt | Bier Hacker-Pschorr | Atmosphäre gemütlich, entspannt | Reservierung über die Homepage, www.huehner-und-entenbraterei-wildmoser.de

Die Kalbsbraterei (ehem. Kalbs-Kuchl), alpenländische Almhütte, Speisekarte: alles vom Kalb. Bayerische Volksmusik tagsüber, abends Stimmungsmusik.

Standort Wirtsbudenstraße neben der Bräurosl | Festwirt Erich Hochreiter | Sitzplätze 300 im Zelt | Bier Löwenbräu, Franziskaner | Atmosphäre zünftig | Reservierung Tel. 089/43759806, www.kalbsbraterei.de

Die Kas- und Weinstubn Feisinger, seit 1982 auf der Wiesn, bietet in ihrer »Kas- und Weinstubn« üppigste Käsespezialitäten an.

Standort Wirtsbudenstraße, vor dem Winzerer Fähndl | Festwirte Max und Rosemarie Feisinger | Sitzplätze 180 in Zelt und Garten (90/90) | Bier Franziskaner | Atmosphäre gediegen | Reservierung Tel. 089/8126316, www.wiesnzelt.de

Die Münchner Knödelei, seit 2002 dreht sich hier alles um den Knödel. Die Ursprünge der Knödelei liegen in dem 1993 eröffneten Wirtshaus in der Au.

Standort Straße 5, Schaustellerstraße zwischen Achterbahn und Riesenrad | Festwirte Bettina und Florian Oberndorfer | Sitzplätze 540 in Zelt und Garten (300/240) | Bier Paulaner | Atmosphäre lustig | Reservierung Tel. 089/48090589, www.muenchner-knoedelei.de

Der Poschner, Hühner- und Entenbraterei in Familienbesitz und seit 1934 auf der Wiesn. Man sitzt an gedeckten Tischen. Gewürzrezeptur seit 80 Jahren ein Familiengeheimnis. Keine Musik, ideal für Geschäftsessen. Günstiger Mittagstisch zwischen 11 und 15 Uhr.

Standort Wirtsbudenstraße, neben dem Hackerzelt | Festwirt Berni Luff | Sitzplätze 350 im Zelt | Bier Hacker-Pschorr | Atmosphäre gepflegt, gemütlich, familiär | Reservierung Tel. 089/931018, www.poschners.de

Der Stiftl, ursprünglich der »Wienerwald«, seit 2002 »Zum Stiftl«, gebaut im Landhausstil, ähnlich einer Skihütte. Livemusik ab 17 Uhr. Bayerische Schmankerl.

Standort | Wirtsbudenstraße, neben dem Löwenbräu-Festzelt | Festwirt Lorenz Stiftl | Sitzplätze 440 im Zelt | Bier Hacker-Pschorr | Atmosphäre gemütlich, familiär | Reservierung Tel. 089/72016427, www.stiftl-oktoberfest.de

Die Vinzenzmurr Metzgerstub'n, seit 2010 auf der Wiesn, führt bayerische Schmankerl, aber keine Hendl und Enten.

Standort Wirtsbudenstraße, neben dem Armbrustschützenzelt | Festwirt Familie Brandl | Sitzplätze 130 im Zelt | Bier Spaten, Franziskaner | Atmosphäre tagsüber ruhig, abends zünftig | Reservierung Tel. 089/78043183, www.vinzenzmurr.de

Die Wiesn Guglhupf Café-Drehbar gibt es seit 2008 auf dem Oktoberfest. Süßes, Kaffee und alkoholische Drinks werden angeboten.

Standort Schaustellerstraße, Ecke Straße 1 | Festwirt Marc Eisenbarth | Sitzplätze 60 | Getränke Sekt und Cocktails | Atmosphäre zünftig | Kontakt Tel. 089/2608868 oder 0172/7009903 (keine Reservierung), www.wiesnguglhupf.de

Die Wildstuben, auf der Wiesn seit 2009, sind der Spezialist für Wild.

Standort Matthias-Pschorr-Straße, Ausgang Goetheplatz | Festwirtin Trudi Renoldi | Sitzplätze 500 auf zwei Etagen im Zelt | Bier Augustiner | Atmosphäre gemütlich | Reservierung Tel. 089/64270167, www.wildstuben.de

Das Wirtshaus im Schichtl, seit 2001 auf der Wiesn, lädt zum gemütlichen Feiern ein. Bayerische Spezialitäten.

Standort Schaustellerstraße, direkt neben dem Schichtl | Festwirt Manfred Schauer | Sitzplätze 120 im Zelt | Bier Spaten, Franziskaner | Atmosphäre zünftig | Reservierung Fax 089/7596453, www.schichtl.by

Die Wurst- und Hühnerbraterei Heinz, Familienbetrieb, 1906 von Josef Heinz gegründet. Hier tagt seit Jahren der Stammtisch der ehemaligen Schausteller der Wiesn.

Standort Wirtsbudenstraße links neben dem Schottenhamel-Festzelt | Festwirte Petra Brenner und Herbert Heilmaier | Sitzplätze 360 im Zelt | Bier Augustiner | Atmosphäre traditionell | Reservierung Tel. 089/434888, www.heinz-huehnerbraterei.de

Weitere Fahr- und Schaugeschäfte

Sich drehen, bis der Arzt kommt

Der Alex Airport ist ein Kettenflieger, wie es ihn vorher nicht gegeben hat. 24 Doppelsitze hängen über Ketten an einem Drehstern, der sich in 50 Meter Höhe schraubt und dann mit bis zu 80 Stundenkilometern dreht.

Die Alpina Bahn ist mit einem Kilometer Schienenlänge und bis zu 28 Metern Höhe die längste loopingfreie transportable Achterbahn der Welt.

Das Break-Dancer schleudert die Fahrgäste in ihren Gondeln unter heftigen Beats gleichzeitig vertikal und horizontal durch die Luft.

Die Cobra ist eine kleine Looping-Achterbahn in grüner Dschungel-Kulisse mit beleuchteten Schienen.

Das Cyber Space führt die Fahrgäste am langen Pendel in 46 Meter Höhe, steht dann still, um anschließend mit Geschwindigkeiten bis zu 100 Stundenkilometern in die Tiefe zu rasen. Dazu gibt es rasante Überschläge.

Der Flip Flop ist eine sich um drei Achsen drehende Rundum-Überkopf-Schaukel mit bis zu zwölf Fahrgästen in 24 Metern Höhe, die einem das Gefühl von Schwerelosigkeit verleiht.

Das Frisbee ist eine riesige Scheibe, die sich in hoher Geschwindigkeit links- und rechtsherum dreht und dazu noch überschlägt.

Die Hexenschaukel ist ein nostalgisches Illusionsgeschäft von 1894, das seine Gäste durch Licht-, Bewegungs- und Schaukeleffekte »verhext«.

Der Höllenblitz ist die größte Indoor-Schienenbahn der Welt mit rotierenden Gondeln und einer Geschwindigkeit von bis zu 90 Stundenkilometern vorbei an reißenden Wasserfällen.

Die Münchner Rutschn ist eine 23 Meter hohe, wellige Rutschbahn mit Rodelcharakter.

Das Odyssee ist ein Fahrgeschäft, das den Besucher mit vielen Effekten und Illusionen über drei Etagen in die griechische Mythologie entführt.

Das Pirates Adventure bringt die Besucher in Konflikte mit Seeräubern, führt sie mitten in eine Piratenschlacht und simuliert einen Schiffsuntergang auf stürmischer See.

Pits Todeswand bietet seit 1928 höchste Motorrad-Akrobatik mit garantiertem Nervenkitzel.

Das Russenrad ist ein kleines historisches Riesenrad von 1925, das bis 1960 mit zwölf Gondeln und einer Höhe von 14 Metern Deutschlands größtes transportables Riesenrad war.

Der Skater hält an einem langen ausgefahrenen Arm sechs Gondeln, von denen man nie weiß, wohin sie unter Höchstgeschwindigkeit katapultiert werden.

Der Techno Power ist ein Highspeed-Karussell mit rotierenden Gondeln bei höchster Geschwindigkeit.

Das Teufelsrad ist eine sich drehende Scheibe, die den Mitfahrern viel Geschicklichkeit abverlangt und die Zuschauer in Schadenfreude versetzt. Schon seit 1910.

Das Top Spin ist ein Karussell, das sich nicht im Kreis dreht, sondern in etwa zehn Metern Höhe in zwei Sitzreihen übereinander vertikal dreht und überschlägt.

Die Wildwasserbahn ist ein Fahrgeschäft, in dem man auch schon mal nass wird.

Die Zugspitzbahn und Rund um den Tegernsee sind variantenreiche Geschwindigkeitskarussells, die zur Tradition des Oktoberfestes gehören.

Dazu gibt es Autoskooter, Geisterbahnen, Illusionstheater, Irrgärten, Kettenkarusselle und Schiffschaukeln. Den legendären Flohzirkus, diverse Hau-den-Lukas-Stationen, das historische Lach + Freu-Haus und die Jahrmarktsfotografie von anno dazumal.

Weitere After-Wiesn-Partys

Lokalitäten zum Nachfeiern

089 Bar, Maximiliansplatz 5, 80333 München (Altstadt).
Hier kommen Nachtschwärmer während der Wiesn voll auf
ihre Kosten.

8Seasons, Sonnenstraße 24–26, 80331 München (Altstadt).
In der alten Kinderklinik geht es ab 22 Uhr richtig los.

Hacker-Pschorr-Keller, Theresienhöhe 7, 80339 München
(Schwanthalerhöhe). Fünf Minuten entfernt von der Bavaria.
Hier geht es bis in die späte Nacht ausgelassen zu.

Hans geht feiern, Bavariaring 5, 80336 München (Schwanthalerhöhe). Das alte, 1894 gebaute Brausebad gegenüber
dem Wiesn-Haupteingang ist die aktuelle Location.

Harry Klein, Sonnenstraße 8, 80331 München (Altstadt).
DJs laden zur After-Wiesn-Party ein.

Kultfabrik, Grafinger Straße 6, 81671 München (Berg am
Laim). In der Nähe des Ostbahnhofs gibt es über 20 Clubs,
die zur After-Wiesn einladen.

Lenbach, Ottostraße 6, 80333 München (Altstadt). Nach
der Wiesn täglich Wiesn-Disco in gediegener Atmosphäre.

Löwenbräukeller, Nymphenburger Straße 2, 80335 München (Maxvorstadt). Hier läuft während der Wiesn ab 22 Uhr im »Wiesnzelt« die große After-Oktoberfest-Party.

Milchundbar, Sonnenstraße 27, 80331 München (Altstadt). Täglich After-Wiesn-Partys mit wechselnden DJs bis zum frühen Morgen.

Nachtgalerie, Landsbergerstraße 185, 80687 München (Laim). Partys im Stil der Sixties.

P1, Prinzregentenstraße 1, 80538 München (Lehel). In der Käfer'schen Nobeldiskothek ist immer viel los. Während der Wiesn wird das noch mal gesteigert.

Pacha, Maximiliansplatz 5, 80333 München (Altstadt). After-Wiesn-Nights während der Woche.

Park-Café, Sophienstraße 7, 80333 München (Maxvorstadt). Oktoberfest-Partys bis 3 Uhr nachts.

Substanz, Ruppertstraße 28, 80337 München (Ludwigs-vorstadt). Rockiger Club mit bayerischer Kneipenatmosphäre unweit der Theresienwiese.

Weitere Trachten-Geschäfte

Dirndl und Lederhose liegen voll im Trend

Trachtengeschäfte gibt es in München Dutzende, und das in den unterschiedlichen Qualitäts- und Preislagen. Hier eine Auswahl:

Angermaier (Zentrale), Landsberger Straße 101–103, 80339 München (Schwanthalerhöhe), Tel. 089/501677, und Rosental 10, 80331 München (Altstadt), Tel. 089/23000199, www.angermaier.de. Angermaier gibt es in zahlreichen deutschen Großstädten. Dirndl und Wiesn-Outfits werden in allen nur denkbaren Variationen zu erschwinglichen bis günstigen Preisen angeboten.

Dirndl-Ecke im Platzl, Sparkassenstraße 10, 80331 München (Altstadt), Tel. 089/220163, www.indra-trachtenmoden.de. Indra Trachtenmoden bieten stilechte Dirndl, Lederhosen und Kindertrachtenbekleidung. Dirndl-Modelle werden in eigener Werkstatt nach Maß gefertigt.

Holareidulijö, Schellingstraße 81, 80799 München (Schwabing), Tel. 089/2717745, www.holareidulijoe.com. Michaela Kleins Laden bietet, kauft und verkauft Lederhosen, Dirndl und bayerische Trachten aller Art.

Ludwig Beck (am Rathauseck), Marienplatz 11, 80331 München (Altstadt), Tel. 089/236910, www.ludwigbeck.de. In der

vierten Etage findet man Trachtenmode, Dirndl, Lederhosen und Accessoires namhafter Hersteller in großer Auswahl.

Tracht und Heimat, Oberanger 9, 80331 München (Altstadt), Tel. 089/2604321, www.trachtundheimat.de. Ursula Fröhmers Geschäft im Orag-Haus ist eine erste Adresse für klassische Trachten, originale Dirndl, feine Mieder aus eigener Werkstatt sowie echte Lederhosen und Hüte. Es wird nach Maß angefertigt.

Tracht & Mode, Burgstraße 10, 80331 München (Altstadt), Tel. 89/294454 (Rückseite Dallmayr). Hier gibt es exklusive Trachtenmode, individuell zugeschnitten und von der Stange.

Wiesn Tracht & mehr, Tal 19, 80331 München (Altstadt), Tel. 089/85639167, www.wiesn-tracht-mehr.de (viermal in München). Günstige Dirndl gibt es schon um die 50 Euro, außerdem Hemden und Lederhosen, alles in großer Auswahl, bunt und schräg, Accessoires.

Wie komme ich ins Zelt?

Tipps zum gemütlichen Feiern

Ein Patentrezept gibt es nicht. Der sicherste Weg ist natürlich eine Reservierung über die Festwirte der einzelnen Zelte per Internet oder Post. Das sollte aber frühzeitig geschehen, da die

Wirte etwa ab Anfang April die Reservierungen entgegennehmen. Die Zelte haben viele Stammgäste, die jedes Jahr aufs Neue ihre Tische reservieren. Zwei- bis dreimal täglich werden in den großen Zelten die Plätze neu vergeben. Oder man muss einfach rechtzeitig da sein, möglichst in einer Kleinstgruppe, um die begehrten Plätze zu ergattern.

Seit 2013 verlangt die Stadt von den großen Bierzelten, 150.000 zusätzliche reservierungsfreie Plätze, vor allem in den Abendstunden, vorzuhalten. An Wochentagen muss ein Viertel aller genehmigten Plätze reservierungsfrei bleiben, an Samstagen, Sonn- und Feiertagen bis 15 Uhr die Hälfte aller Plätze, danach 35 Prozent. Man hat so auch ohne Reservierung die Chance auf einen Sitzplatz, allemal, wenn man nicht zu den Hauptstoßzeiten kommt (siehe Wiesn-Barometer auf www.oktoberfest.eu). In den Biergärten der großen Zelte gibt es keine Sitzplatzreservierungen, die Chance auf Plätze ist erheblich größer. Zu zweit oder zu dritt ist der Besuch eines Zeltes immer möglich und auch der Eintritt in die Biergärten kein Problem.

Auf der sicheren Seite für einen Platz ist man unter der Woche von Montag bis Donnerstag, tagsüber geht es geradezu »entspannt« zu auf der Wiesn. An den Wochenenden und dem 3. Oktober (Feiertag) ist es schwer, einen Platz im Zelt zu finden, da sind die Zelte häufig schon recht früh zwischenzeitlich wegen Überfüllung geschlossen. Die Sonntagabende sind vergleichsweise ruhig. Dann setzt man sich einfach mit ein paar netten Worten mit an einen Tisch. Zusammenrücken ist überhaupt angesagt auf der Wiesn. Und ein Rezept ist eben immer: rechtzeitig da sein.

Nicht genügend gefüllte Krüge

bitte

nachfüllen lassen

Verein der Festwirte München

Fakten rund um die Wiesn

Die Organisation ist eine logistische Meisterleistung

Eintritt: Das Oktoberfest kostet keinen Eintritt, der Besuch aller Zelte ist frei. Eine Ausnahme: Der Besuch der Oide Wiesn kostet 3 Euro (Unkostenbeitrag).

Bierausschank: Eröffnungstag 12–22.30 Uhr, Mo–Fr 10–22.30 Uhr, Sa, So, feiertags 9–22.30 Uhr. Ausnahmen: »Käfers Wiesnschänke« und das »Weinzelt« sind bis 1 Uhr geöffnet, Ausschank- und Musikschluss: 0.30 Uhr. Täglicher Musikschluss in den Festhallen: 22.30 Uhr. Ende in den Zelten: 23.30 Uhr. Kleine Festzelte: täglicher Musikschluss/Ausschankende: 23 Uhr

Schausteller und Fahrgeschäfte: Eröffnungstag 10–24 Uhr, Mo–Do 10–23.30 Uhr, Fr 10–24 Uhr, Sa 9–24 Uhr, So 9–23.30 Uhr

Verkaufsstände: Eröffnungstag 10–24 Uhr, Mo–Do 10–23.30 Uhr, Fr 10–24 Uhr, Sa 9–24 Uhr, So 9–23.30 Uhr

Familientage: Di 12–18 Uhr (ermäßigte Fahr-, Eintritts- und Verkaufspreise). Kinderwagen: Mo–Fr und So nur bis 18 Uhr erlaubt (an Samstagen sind Kinderwagen auf der Wiesn generell untersagt). Unter 16-Jährige auf der Festwiese nur in Begleitung Erwachsener.

Mittagswiesn: Mo–Fr 10–15 Uhr (in vielen Betrieben ermäßigte Fahr-, Eintritts- und Verkaufspreise bis zu 30 Prozent). Gemütlich und ruhiger.

Tiere: Auf der Wiesn herrscht ein generelles Tierverbot (Hunde eingeschlossen).

Stromverbrauch: Auf der gesamten Theresienwiese werden 43 Kilometer Kabel über 19 Trafostationen verteilt. Für rund 750 Festzelte, Fahrgeschäfte, Schau- und Verkaufsbuden. Mit am stromintensivsten ist das Riesenrad. Über 350.000 Glüh- und Leuchtstofflampen lassen die Wiesn erstrahlen. Gesamtstromverbrauch auf dem Oktoberfest: drei Millionen Kilowattstunden. Das sind etwa 13 Prozent des durchschnittlichen Tagesverbrauchs der Stadt München. Damit es bei Stromausfall zu keiner Massenpanik kommen kann, sind große Teile der Stromversorgung zweifach angelegt und getrennt eingespeist.

Erdgasversorgung: Knapp 60 gastronomische Betriebe verbrauchen rund 180.000 Kubikmeter Erdgas zum Kochen. Dazu kommen 20.000 Kubikmeter Erdgas für die Heizstrahler in den Biergärten. Der Erdgasverbrauch insgesamt: 230.000 Kubikmeter.

Wasserversorgung: Der Wasserverbrauch während des Oktoberfestes liegt bei rund 120 Millionen Liter. Zum Vergleich: Der tägliche Bedarf der Stadt München beträgt 320 Millionen Liter. Es werden zehn Kilometer Wasserleitungen verlegt mit rund 80 Hydranten. Dazu kommen sieben Kilometer fest verlegte Anschlussleitungen.

Abfallbeseitigung: Der Abfallwirtschaftsbetrieb München entsorgt während der Wiesn rund 1.000 Tonnen Restmüll, meist in den frühen Morgenstunden. Anschließend werden die Wiesn-Straßen mit Wasser abgespritzt und für den neuen Tag präpariert.

Sicherheit: Die Sicherheitsüberprüfung der Fahrgeschäfte liegt in den Händen der Abteilung »Seilbahnen und fliegende Bauten« des TÜV Süd.

Wirtschaftsfaktor: Rund 6,4 Millionen Besucher haben in den 16 Tagen des Oktoberfestes 2013 auf der Wiesn rund 435 Millionen Euro umgesetzt, durchschnittlich 68 Euro pro Person. In der gesamten Stadt sind es über 1 Milliarde Euro.

Besucherzahlen: 72 Prozent der Besucher kommen aus Bayern, davon 60 Prozent aus München. Neun Prozent reisen aus dem restlichen Deutschland an. 19 Prozent sind Ausländer, von denen die Italiener 17 Prozent ausmachen, vor den US-Amerikanern (14 Prozent), den Engländern (12 Prozent), Australiern und Neuseeländern (11 Prozent) und Österreichern (9 Prozent).

Adressen und Telefonnummern

Wenn man schnell mal eine Auskunft braucht

Im Servicezentrum hinter der Schottenhamel-Festhalle sind während der Wiesn erreichbar: Polizei, Sanitätsstation, Bayerisches Rotes Kreuz, Feuerwehr, Fundbüro, TÜV, Kinderfundstelle, Festleitung und Pressestelle, Security Point, Stadtwerke.

- Betreuung verloren gegangener Kinder
  (täglich bis 18 Uhr): 089/233-82821
- Festleitung: 089/233-82801

- Fundbüro München: 089/233-00
- Jugendamt (tgl. ab 18 Uhr): 089/233-82820
- Notruf Polizei: 110
- Rettungsdienst/Feuerwehr: 112
- Security Point (Anlaufstelle für Mädchen und Frauen bei Belästigung): 089/50222366

Geldautomaten: jeweils an den Eingängen zur Theresienwiese. Am Haupteingang gibt es einen internationalen Geldwechsel.

Öffentliche Verkehrsmittel: U 4/5, Haltestelle Theresienwiese und Schwanthalerhöhe; U 3/6, Haltestelle Goetheplatz; U 3/6 und Bus 131/132, Haltestelle Poccistraße

Parkplätze: keine Parkplätze, außer: Fahrradparkplatz und Behindertenparkplatz auf dem Südteil der Theresienwiese

Wiesn-Post: neben dem Haupteingang

Taxistände: Aus Sicherheitsgründen dürfen rund um die Wiesn keine Taxen stehen. Fußläufig sind Taxistände in der Nähe erreichbar.

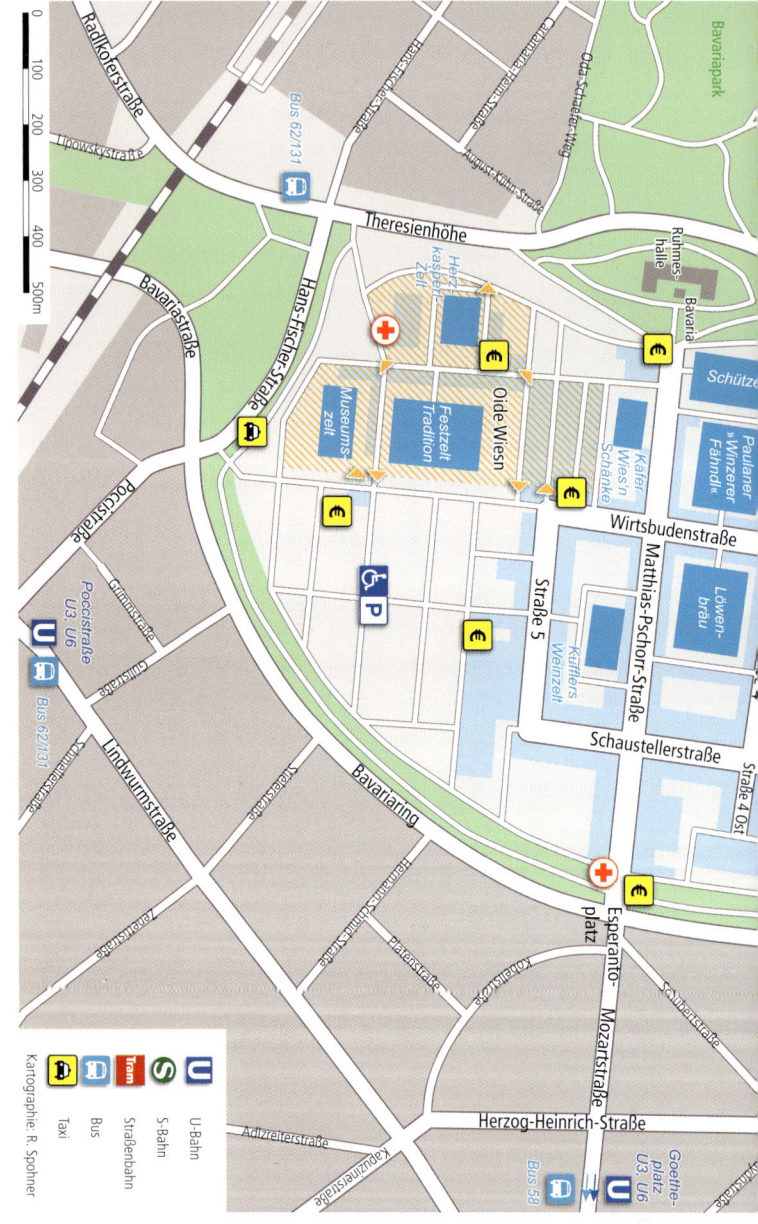